Bro a By

Rhydwen Wilams

Golygydd/Emyr Edwards

Cyhoeddiadau Barddas 2002

Argraffiad cyntaf: 2002

ISBN 1 900 437 52 X

Y mae Cyhoeddiadau Barddas yn gweithio gyda chefnogaeth
ariannol Cyngor Celfyddydau Cymru, a chyhoeddwyd
y gyfrol hon gyda chymorth y Cyngor.

Cyhoeddwyd gan Gyhoeddiadau Barddas
Argraffwyd gan Wasg Dinefwr, Llandybïe

Rhagair

Deuthum i adnabod Rhydwen gyntaf pan oeddwn yn blentyn, ac yntau'n dod i Clement Place, Y Barri, i ymweld â'r teulu ac yn arbennig i dreulio dyddiau a nosweithiau yn sgwrsio am lenyddiaeth, a barddoniaeth yn arbennig, gyda'i gyfaill J. M. Edwards, fy nhad. Yn ei ymddygiad a'i edrychiad, ef oedd, yn fy nhyb ifanc i, yr hyn y dylsai bardd fod. Nid wyf wedi newid fy meddwl ynglŷn â hynny. Dros y blynyddoedd fe dyfodd, i mi, yn rebel hoffus, y gŵr caredicaf ar y ddaear, ond, o, y fath fardd, y fath fardd, trwy gerdd a thrwy nofel.

Yr oedd yn ddyn cyffrous i fod yn ei gwmni. Wyddech chi ddim beth oedd yn ei feddwl hanner yr amser, oherwydd yr oedd yn annarogan, a phob dim yn antur yn ei gwmni. Mae'n amlwg fod ganddo ddychymyg ac asbri anghyffredin, a'r ewyllys i fyw'n gyflawn. Yn wir, yr oedd fy mam a'm darpar-wraig yn ofni ei ddylanwad rebelaidd arnaf yn aml. Ond pobl felly sydd yn gwneud bywyd yn werth ei fyw yn y pen draw. Yr oedd gan Rhydwen y ddawn i wefreiddio, trwy ei bersonoliaeth hudol, trwy ei bregethu, a thrwy ei farddoniaeth a'i ryddiaith. Wedi i mi gael fy hudo gan waith Dylan Thomas yn fy ar-ddegau hwyr, daeth Rhydwen yn dalp o awen ffres i mewn i fyd llenyddiaeth Cymru, a sylweddolais fod gennym ni'r Cymry-Cymraeg ein Dylan ein hunain yn Rhydwen.

Fel y mae Rhydwen yn dweud yn rhywle o fewn cloriau'r gyfrol hon, cronicl yw ei gynnyrch llenyddol, cronicl ei ddyddiau. Y mae'r cronicl hwnnw yn arddangos sensitifrwydd gwir fardd, y gweledwr coeth a chywrain, y sylwebydd manwl a gonest, y portreadwr lliwgar a chynnil, a'r dehonglwr gwefreiddiol. Cawn eiliadau lu yn ei gerddi a'i nofelau lle'r ydym yn byw bywyd i'r eithaf, ac yn teimlo emosiynau sydd wedi eu tymheru gan fawredd gwir gelfyddyd yr awenydd hwn.

Cafodd fywyd hir, a bu ei dasgau yn amrywiol. Daeth ei brofiadau cynnar fel cynorthwywr mewn siopau, fel cynorthwywr i ddynion ambiwlans yn ystod yr Ail Ryfel Byd, ac yna fel gweinidog, fel darlledwr, fel golygydd cylchgrawn, fel darlithydd ac fel actor, yn ystordy i gyfoethogi themâu, sefyllfaoedd a chymeriadau ei lenyddiaeth. Trwy'r cyfan yr oedd y bardd wrth ei waith, yn synhwyro, yn ymateb, yn pryfocio ei awen ryfeddol. Ei bennaf ffynhonnell, ffynnon ei wir awen trwy gydol ei fywyd, oedd ei gariadus Gwm Rhondda. Yno, yng nghôl ei fam, y cafodd y geiriau i'w gyfoethogi, y profiadau o'i amgylch i'w dymheru, a'r emosiwn a dyfai o galedi beunyddiol bywyd i gynhyrfu ei awen.

Wrth gasglu'r deunydd ar gyfer y gyfrol hon, ceisiais gadw cydbwysedd rhwng cefndir bywyd Rhydwen a gwahanol haenau ei gyfraniad i ddiwylliant a bywyd ei genedl. Y mae ei eiriau, felly, ynghyd ag argraffiadau eraill, yr un mor bwysig â'r cronicl darluniadol, fel allwedd i'w fywyd a'i feddwl, ei gymeriad a'i waith.

Rydw i mor ddiolchgar i Alan Llwyd, golygydd y gyfres Bro a Bywyd, am ymddiried ynof y dasg o lunio testament bywyd Rhydwen Williams, un o lenorion mwyaf disglair yr ugeinfed ganrif.

Emyr Edwards

1. Cefndir Teuluol

1. Robert Williams, taid Rhydwen ar ochr ei fam, yn weinidog yn Nebo a Phant Glas, yn Sir Gaernarfon.

'Gweinidog yn Sir Gaernarfon oedd ei daid o ochr ei fam a'i ewyrth Siôn, brawd ei fam, yn mynd i'r ysgol gyda W. J. Gruffudd ac R. Williams Parry. Ond fe laddwyd ei daid wrth fynd i ymweld ag un o'r chwarelwyr yn Chwarel Dorothea a phenderfynodd Siôn fynd i chwilio am waith i'r De i gynnal y teulu. Dilynodd ei fam a'i merched ef a hanes eu profiadau cynnar hwy a geir yn *Y Briodas*. Fel y dywed Rhobert Esmor yn agoriad *Dyddiau Dyn*, mae Rhydwen Williams yntau 'yn sgrifennu am deulu, fy nheulu fy hun, ei darddiad, ei dwf, ei dynged, lle yr oedd pob aelod wedi'i gludio wrth y lleill heb golli gronyn o'i arbenigrwydd personol'.'

O Gyfrol 3, *Portreadau'r Faner*, Llyfrau'r Faner, 1976.

1

2. Edwin Williams, taid Rhydwen ar ochr ei dad. Ffarmwr y Gelli yn
Sir y Fflint ydoedd.

'Ffarmio yn 'Y Gelli' yr oedd ei daid o ochr ei dad ond byddai hefyd
yn cario cerrig hefo'i ffrind Tomos Dafis o chwarel Mostyn.
Ond cafodd Tomos Dafis wahoddiad i fynd i bregethu i gapel Pen y
Gelli a chael cystal hwyl arni nes galwyd ef yno'n weinidog, heb
ddiwrnod o goleg. Ar ôl cyfnod, aeth yn weinidog i eglwys Moreia yn
y Pentre, Cwm Rhondda, ond daeth heibio i'w hen gyfaill ar ei dro ac
wrth weld bywyd yn galed iddo, fe'i darbwyllwyd i fentro i'r Cwm
ac yno yr aeth a mynd i fyw drws nesaf i deulu Siôn Gruffudd, ac
felly, yn aelodau o ddau deulu yn byw drws nesaf i'w gilydd yn y
Rhondda, y cyfarfu rhieni Rhydwen Williams.'

O Gyfrol 3, *Portreadau'r Faner*.

2

Mab y Gelli oedd ef, lle bach dwy acer
Yng nghefn gwlad Sir y Fflint,
Cynnyrch y gymdogaeth unieithog
Rhwng Tan-rallt a Glanrafon a'r Sarn.

'Y Ddau (*I'm Rhieni*)', *Barddoniaeth Rhydwen Williams:*
Y Casgliad Cyflawn, 1941-1991, Cyhoeddiadau Barddas, 1991.

3. Martha Williams, nain Rhydwen ar ochr ei dad, yn eistedd gyda
Robert Owen Williams, brawd ieuengaf ei dad.

4. Edwin a Martha Williams, taid a nain Rhydwen ar ochr ei dad.

4

3

5

6. Margaret Williams, mam Rhydwen, yn sefyll ar y chwith.

Mam Rhydwen.

Merch y Tŷ Capel, Nasareth, oedd hi,
Un o blant Dyffryn Nantlle,
Yr ieuengaf ond un o deulu Rhobet Wiliam a'i briod
(Gweinidog gyda'r Annibynwyr a chwarelwr yn Norothea)
Etifedd hen Gymreictod a chrefydd y fro . . .

'Y Ddau (*I'm Rhieni*)'.

5. Dewyrth Siôn.

Un o ffynhonnau'r dylanwadau ar Rhydwen wrth iddo lunio'r bryddest a gipiodd y goron iddo yn Eisteddfod Genedlaethol Abertawe, 1964.

Ond aeth f'ewyrth drwy holl gyfnodau ffyrnig Cwm Rhondda –
Berw ysbrydol Evan Roberts a gwasgfa faterol y Streic Fawr,
Militariaeth 1914 a phres rhwydd ffatrïoedd 1941 –
Heb i ddim ei ddenu oddi wrth amyneddgar grefft ei awen,
Hen gwmnïaeth awdur, a chyfaredd gwyrthiau'r Gymraeg.

'F'ewyrth Siôn', *Y Casgliad Cyflawn, 1941-1991*.

7

chamffor arnyn nhw. Sgidie hoelion. Hen gap. Mwffler. Wasgod. Siaced. Wedi bod o flaen y tân am oriau yn crasu. Ac nid oeddwn yn rhy siŵr a gawn ei weld byth mwy.'

Gorwelion, 1984.

9. Dydd priodas Thomas Edward a Margaret (yn eistedd ar y chwith), tad a mam Rhydwen, ym 1910.

8

9

7. Tad Rhydwen, Thomas Edward, yn sefyll ar y chwith, gyda'i ddau frawd, sef Jac, yn sefyll ar y dde, a Robert Owen, yn eistedd yn y blaen. Teitl y llun yn albwm Rhydwen oedd 'Y Brodyr'. Is-deitl Rhydwen i'r llun oedd: 'Caerdydd 1919 – siwt gynta 'nhad ar ôl dod o'r fyddin'.

8. 'Roedd 'nhad yn löwr. Cerddai allan o'r tŷ ben bore neu fin hwyr ar gyfer y sifft. Dillad gwaith ag argoel y dyfnder a'r tamprwydd mor gryf â

10. Thomas Eifion, brawd Rhydwen, ym 1938. Ar y pryd yr oedd yn beiriannydd gyda bysys Crossvile yng Nghaer.

11. Yn y llun, o'r chwith i'r dde yn y rhes gefn y mae Myra, gwraig Robert Owen, brawd ieuengaf tad Rhydwen, Thomas Eifion, brawd Rhydwen, yn forwr yn y llynges yn ystod y rhyfel erbyn hyn, a chwaer Rhydwen, Jeanne, ar y dde. Mam Rhydwen sydd yn eistedd yn y blaen.

12. Thomas Eifion, brawd Rhydwen, yn swyddog ar longau tanfor yn y Llynges Brydeinig, yn ystod yr Ail Ryfel Byd. Ar un adeg yr oedd yn un o griw y llong danfor enwog, y *Thetis*.

12

10

11

13

14

13. Rhydwen gyda'i fam, Margaret, a'i dad, Thomas Edward, yn yr ardd yn 'Marna', 197 Hoole Lane, pan oeddynt yn byw yng Nghaer yn y chwedegau. Yn ymyl y mae eu ci, Cymro.

> Gwelsant bawb a phopeth yn newid,
>   Y da a'r drwg yn cael eu gorchfygu,
>   Y llewpart a'r oen yn lludw,
>   A'r tyddyn a'r deyrnas yn diflannu,
> Ond disgleiria'r gyfrinach mor llachar yn eu gwenau heno
> Â'r ser sefydlog a oleuodd lwybrau'r oed gyntaf.
> Y mae bywyd mor rhwydd.
> Y mae'r dirgelwch mor eglur.
> Y mae'r gwirionedd mor amlwg.
> Y mae cariad mor anorchfygol.
> A phum mlynedd a deugain i ddydd y Nadolig eleni,
> Priodwyd y ddau.

'Y Ddau (*I'm Rhieni*)'.

14. Margaret, mam Rhydwen, y tu allan i'r tŷ pan oedd Rhydwen yn byw yn Y Rhyl.

Er Cof am Mam
(*Tachwedd 1968*)

Dros y ffin aeth doethineb, – athrylith
    yr aelwyd a'r wyneb
    a'n synnai â'i dlysineb;
    eilun oedd; nid ail i neb.

Y Casgliad Cyflawn, 1941-1991.

15a

15a. Rhydwen gyda'i frawd Eifion.

15b

FY MRAWD BACH

Fe'i ganwyd wrth odre Moel Cadwgan yng Nghwm Rhondda, yn sŵn Pwll y Pentre a'r afon, fel ei ddwy chwaer a finnau, cyw melyn ola'r teulu. Cafodd ei enwi ar ôl bro enedigol ei fam, Eifion, fy mrawd bach.

Tyfodd yn grymffast pencyrliog, llygatlas, a phant yn ei ên fel petae'r duwiau wedi'i gusanu yn y groth. Aeth i gapel Moreia yn siol ei fam, i'r Ysgol Sul cyn gynted ag y dysgodd i droedio cam, i'r ysgol elfennol ar ben y rhiw at Miss Ifans fach i ddysgu'r llythrenne, a thros wal drws-nesa at Joe Ifans y Saer yn ei sied – gwelodd hwnnw'n gynnar bod ganddo fysedd a dwylo dawnus a chewc arbennig yn ei ben.

Gwnaeth bartnar o Defi John a chi Tomos y Siop, dringai goed Pen-twyn ac ymwelai â'r nython yn fore, a chododd dŷ o bren yn gysgod i'r golomen a gwnaeth loches i'r ast amddifad. Pan ddaeth Streic '26 gwyliodd y glowyr dan bastwn y plismyn Seisnig, mynnodd roi help llaw i'w dad i godi llanc drws-nesa-ond-un o'r afon, profiad a'i gwnaeth yn Sosialydd digymrodedd a thosturiol weddill ei oes – fy mrawd bach!

Ymgollodd yn fore yn hanes **Nedw** (Tegla) a **Teulu bach Nant Oer**, (Moelona), ac yr oedd yn un o'r cynta i wisgo bathodyn Urdd Gobaith Cymru ar ei frest, ond morthwyl, llif a chŷn Joe Ifans oedd ei bethau. Cerddodd yn ddeg oed I Don-y-pandy i brynu offer yn y siop lle 'roedd popeth ar werth dan chwe cheiniog.

Yna, dysgodd grefft a ddaeth geiriau Joe Ifans amdano'n wir; gwnaeth ryfeddodau o bren a metel, trwsiai ford neu feic neu fodur, hen gloc, hen injian, neu berfedd bws, a hynny dan ganu, 'Rôl i'r teulu fudo dros Glawdd Offa, ei gamp fawr nesa oedd mynd ar gefn ei feic i Sir y Fflint i roi trydan yn hen gapel ei deidiau, Pen-y-Gelli. Cafodd gil-dwrn gan hen ewyrth am ei lafur – wiw codi pres am wasanaethu Pen-y-Gelli! – a'r hen gono piwritanaidd hwnnw'n dweud wrtho, "Thenciw, ngwas i, ma gola gan y Batus gystal â'r Wesle rwan!'

Ar ddiwedd ei arddegau, yntau'n gorffen prentisiaeth, wrth ei fodd yng nghwmni ieuenctid Capel Penri, Meirion, Eddie, a Ffranc, daeth gŵŷs o Swyddfa Ryfel, a bu'n rhaid i'r llanc ildio'i grefft a'i ddwylo i waith gwrthun ddigon i'w reddf, fel y rhelyw o'i genhedlaeth, ac i ffwr' ag ef. A phan yw bywyd yn torri mewn i gartref fel môr mawr rheibus, anaml y daw gosteg a thrai heb fod patrwm aelwyd a chalon wedi eu trawsnewid, ac un neu ddau neu dri wedi eu taflu fel broc ar flaen y tonnau . . .

A thrwy gydol y rhyfel erchyllaf a welodd y byd hwn erioed, bu'r dwylo dan orfod i drin falfiau a gêr y llongau-tanfor, o ddyfnder i ddyfnder, o fôr i fôr, ar waetha bom a thorpedo, a'r Angau ei hun o fewn trwch-blewyn i'w gipio fwy nag unwaith. Ond 'roedd ganddo drysorau yn ei boced drwy'r heldriniau i gyd i'w gysuro; llun ei gariad, llun ei deulu, a'i destament – **Rhodd gan Ysgol Sul Penri, Caer; arwyddwyd, Rhoda Williams, Wmffwfa Elis, swyddogion.** A thaerai 'nhad a mam mai'r testament hwnnw a dwylo plethedig y saint yn eiriol dros y bechgyn a'i arbedodd drwy'r blynyddoedd lloerig hynny . . .

Pan ddaeth llanw coch Awst heibio eleni i daflu'i bwyse, fe ddaeth â'r Angau gydag ef a daliwyd fy mrawd yn ei gwsg. Hen leidr sy'n siwr o'i brae yn y diwedd yw hwnnw!

Dyna dda bod Wmffra Elis hanner can mlynedd yn ôl wedi sgrifennu adnod yn nhestament fy mrawd, "Nis gall neb eu dwyn allan o law fy Nhad i . . ." Ac nid un i siarad ar ei gyfer oedd Wmffra . . .

RHYDWEN WILLIAMS
(trwy gwrteisi Taleisin)

15b. Llith yn y cylchgrawn *Taliesin*, ym 1992, er cof am ei frawd Eifion a fu farw y flwyddyn honno.

2. Dyddiau Cynnar
(a) Y Rhondda

16. 41 Treharne Street, Pentre, Y Rhondda, lle ganwyd Rhydwen, Awst 29, 1916, yr hynaf o bedwar o blant i Margaret a Thomas Edward Williams.

Cartref cyntaf Rhydwen yn Y Rhondda.

Gwnaethant gartref wrth odre Moel Cadwgan,
Ganllath oddi wrth yr afon,
Ac yng ngolwg mynydd-dir Pen-twyn a Phwll y Pentre.
Yno, y tŷ canol mewn teras o bump;
Canai'r Gymraeg trwy'r dydd mor gynnes â'r tecell wrth y tân,
A gwenai Hwfa Môn a Herber a Jams Nefyn,

16

A llond oriel o weinidogion y Gair,
Yn farfog ddifrifol ar bob wal o'r pantri i'r parlwr
Fel milwyr yn gwarchod caer.
Ac yno y'm maged . . .

'Y Ddau (*I'm Rhieni*)'.

17. Mam Rhydwen, yn ifanc. Ei eiriau ef iddi islaw'r llun hwn oedd:

'A chefais gan yr hon a'm dug,
fy ngeni'n frawd i flodau'r grug.'

'A thybiwn y meddwn ar ddau beth a oedd yn gaffaeliad o'r crud fel petai; geirfa a ddaeth imi wrth sugno llaeth fy mam, a dychymyg anystywallt fel meirch oddi mewn i'r ymennydd (os yno y'i steblir) yn gofyn am ei ffrwyno. Pa mor anaeddfed bynnag oeddwn, nid oeddwn yn ymwybodol o unrhyw straen; nid mater o droi tudalennau geiriadur oedd y ffordd i gael gafael ar air, 'roedd y broses yn fwy didrafferth na hynny o lawer, fel un yn estyn ei law mewn perllan i blygu cainc a phigo'r ffrwyth yn ôl ei ddewis, heb fodloni fyth nes bod y sudd yn ffrwd dros ei weflau.'

17

O'r Rhagair i'r gyfrol
*Barddoniaeth Rhydwen Williams:
Y Casgliad Cyflawn*, 1941-1991.

18

18. Daniel Owen.

'Gan mai gyda mam y treuliwn y rhan fwyaf o'm hamser, rhedeg ati hi am bob math o ffafr, fy nhaflu fy hunan i'w chôl pan deimlwn unrhyw ofn neu berygl yn bygwth, 'roedd ei hwyneb *hi* mor bwysig â haul y dydd i mi. Felly ar ôl i 'nhad fynd i'r gwaith a'r lleill i'r gwely, byddai hi'n mynd i'r cwpwrdd mawr am gyfrol. Paned o de a darllen. Fel'na y clywais gynta am Ddaniel Owen. Fel'na y des i 'nabod Mari Lewis a Tomos a Barbara, chwerthin fy ochre wrth glywed am ddireidi Wil Bryan, ac arswydo wrth feddwl am ddifrifoldeb Abel Huws. Do, ymddigrifais yn holl gymeriadau'r dreflan ramantus honno. Fel'na y dysgais farddoniaeth seml fy mhlentyndod.'

Gorwelion.

19

19. Mynydd Cadwgan, uwchlaw Treharne Street, Pentre,
Y Rhondda, lle bu Rhydwen yn chwarae gyda'i gyfeillion yn ystod ei
ieuenctid.

Moel Cadwgan! Hen ddinosawr o fynydd
a aeth yn sownd ym mwd ein genesis
heb godi oddi ar ei liniau
ac a geidw'i gyfrinach gyntefig
mor ddistaw â chariadon y tu ôl i ddrws clo.
Dim ond i rywrai glustfeinio drwy'r oesau . . .

Dau bwll, un ar bob llaw, llifeiriol –
ofer chwilio amdanyn nhw mwy, nid oes fargod ar ôl;
y tai Fictoraidd a'r siopau gwag a'r capeli pryderus –
dannedd doe yn pydru yng ngenau'r presennol.
Ai cymdogaeth yw'r meiosis sy ar ôl?
Cofadail ar domen ein moderniaeth
i ryw arwriaeth a fu?

Bu gwŷr a gwragedd y mynydd hwn
yn berchen llygaid yn ogystal â chylla;
'roedd gwlith breuddwydion yn gwlychu eu bara
a'r Gymraeg yn gwneud salmau o'u gobeithion.
Rhwygasant o'r mynydd hwn ryddid, urddas, gwiwdeb
mor benderfynol â thorri'r glo,
mor rhwydd ag agor drôr hen gist
ar waetha'r dynged mai'r mynydd oedd ben
a'r asgwrn a'r gewyn yn eiddo iddo ef . . .

O, Wyrddni diwnïad, cerdd drwy'r cwm mwyach,
bendithia'r tai a'r nythod a'r tyllau â'th ragluniaeth werdd,
amddiffyn y rhosyn a'r fioled,
ac ag adenydd aderyn arwydda dy goncwest derfynol
ar dudalen o awyr las!

'Y Chwyldro Gwyrdd', *Y Chwyldro Gwyrdd*, 1972.

Byd ieuenctid Rhydwen ar yr aelwyd yn Y Rhondda.

Syml iawn oedd ein byd;
Gweithio a byw yn onest,
Talu'r ffordd a chofio am yr Achos
A gwneud caredigrwydd yn ôl y galw.
A'r tŷ fel pin mewn papur –
Y bwrdd wedi'i osod a'r ffwrn yn siarad swperau,
A hithau'n disgwyl . . .
Yntau, ar ôl ei ddiwrnod gwaith,
Yn troi i'r ardd am awr neu ddwy,
Yna, i Foreia erbyn saith i'r Seiat a'r Cwrdd Gweddi
A noswylio yn sŵn gweddi ac emyn
Ac olwynion gwatwarus y Gwaith . . .
Yr olwynion gwatwarus! Ni throant mwyach.
Bu dau ryfel byd a dirwasgiad.
Rhydodd y rhaffau . . .
A lle bu'r peiriannau a'r prysurdeb
Y mae cae chwarae'r genhedlaeth newydd erbyn hyn.

'Y Ddau (*I'm Rhieni*)'.

20

CADWGAN

RHYDWEN WILLIAMS

Roedd fy nhad wedi gwneud un peth a gofiaf fel ynys hud yn fy mhlentyndod. Chwarae teg iddo, os oeddem ni'n byw mewn rhyw waelod crochan o le, roedd digon o awen yn ei ben a chrefft yn ei fysedd a'i ddwylo i ddringo mynydd Pentwyn i gyfeiriad tir glasach. Yno, torrodd dywarch ar ôl tywarch, rhoi un ar ben y llall ar ei ferfa cyn eu cludo nhw i lawr y mynydd i'r clwt o dir rwbel y tu ôl i'r tŷ. Y lawnt ryfedda a'r borderi perta—cylch, diamwnt, croes a mam wrthi ar ei ôl â'i rhaw fach, yn plannu'r llysiau a'r blodau. A thŷ Siani Goch y golomen fel plas ar y stad. Roedd tai bach eraill yn y gymdogaeth a llyn o ddŵr gerllaw i'r adar ddod am grystyn a thorri syched. Gwnes innau ryw fath o stryd o dai cyngor allan o hen focsys ar hyd ochr y sied lo. Cyn hir roedd gan y golomen fwy o gymdogion na mam a Mrs Ifans drws nesa. Adar anafus Pentwyn, aderyn to, dryw, yr hen jac-y-do. Creaduriaid adfydus Cadwgan, cwningen, draenog ac oen bach dall. Aeth pob malwoden ar wal y tŷ bach mor rhamantus â dringwr yn mentro wyneb y Glyder. Mi fyddwn innau'n eu gwylio nhw'n mynd dow-dow â'u pac ar eu cefnau. Rhedwn adre o'r ysgol i weld pa gampau'r oedd y broga hirgoes wedi eu cyflawni a dal llygaid y diawl bach yn cuddio oddi wrthyf dan ganopi o ddeilen rhiwbob.

20. Rhan o sgript radio Rhydwen i'r BBC ym 1972, yn disgrifio atgofion am ei ddyddiau cynnar yng nghysgod Moel Cadwgan.

Radio Cymru: Detholiad o Raglenni Cymraeg y BBC, 1934-1989, Golygydd: Gwyn Erfyl.

21. Capel Moreia, Pentre, Y Rhondda, lle bu Rhydwen yn aelod yn ei ieuenctid.

'Capel? Wrth gwrs. Capel Moreia, gwaelod rhiw-yr-ysgol, lle'r oedd Mr Gruffydd yn weinidog, pregethwr mwya'r byd. Pulpud fel llong

fawr. Rhyw fath o lwyfan. Yr unig lwyfan y gwyddwn i amdani. Atyniad! 'Roedd gweld Mr Gruffydd yn ei bulpud bob Sul yn cael y fath ddylanwad ar bobl – denu, dyrnu, hudo, hyrddio, suo, siglo, tynnu coes, tynnu dagre - O, 'roedd hyn yn fy nharo fel camp fawr a job werth chweil! Ni chysylltais y peth â chrefydd o gwbl. Hunanfynegiant. Artistri. Arwriaeth. Aeth dringo i bulpud Moreia yn uchelgais. Cyn hir, daeth fy nhro. Adrodd a chanu yn y Cwrdd Chwarter. Nid oedd gronyn o ofn arnaf. Teimlwn yn saffach ym mhulpud Moreia nag yn fy ngwely. Ias newydd . . . Sylweddoli am y tro cynta y medrwn adrodd a chanu gystal â neb. Sylweddoli am y tro cynta hefyd mor braf oedd bod yn ganolbwynt sylw. Mi fydda i'n chwennych yr un ias o hyd, ond – mae'r blynyddoedd wedi sobri a disgyblu dipyn ar y sgolor bach.'

Gorwelion.

22. Rhydwenfro.

'Mynnai [Robert Griffiths, ei hen
weinidog] i mi ymarfer fy enw
bedydd gwreiddiol, Rhydwenfro,
enw ar ôl brawd fy nhaid, Thomas
Rhydwenfro, a fu'n weinidog yn
Seilo, Tredegar, ond yr oedd gennyf
ddigon o anawsterau fel Cymro o'r
Sowth yng nghanol Saeson Caer heb
ychwanegu at fy ngofid trwy ofyn
iddynt fy nghyfarch fel Rhydwenfro!'

Gorwelion.

23. Ysgol Gynradd Pentre, Y Rhondda, yr ysgol gyntaf i Rhydwen ei mynychu pan oedd yn blentyn.

23

22

24

roi gwersi i'w fab, Rhydwen. Âi'r crwtyn i'w dŷ deirgwaith yr wythnos a chael ei ddisgyblu sut i anadlu, i ynganu llafariaid, i siarad o'r ysgyfaint a sut i sefyll gerbron cynulleidfa. Canai fel eos a'i fam yn ei arwain o'r naill eisteddfod i'r llall ac yntau'n ennill y wobr gyntaf bron bob tro.'

O Gyfrol 3, *Portreadau'r Faner*.

25

24. Ysgol Uwchradd Pentre, Y Rhondda, lle bu Rhydwen yn ddisgybl am gyfnod byr cyn iddo symud gyda'r teulu i Gaer.

25. Bryniog, y canwr.

'Yn ystod ei flynyddoedd yn y fyddin, 'roedd ei dad wedi dod yn ffrindiau â Bryniog, canwr gwych a fuasai'n denor gyda chwmni D'Oyly Carte a daeth ag ef adref gydag ef ar derfyn y rhyfel. Hysbysebwyd swydd i gôr-feistr yng Nghapel Moreia a phenodwyd Bryniog. I gydnabod ei ddyled i'w ffrind, cynigiodd

26. Llewellyn Street, Pentre, yn y dauddegau.

'Bywyd y pentre! Stryd fawr. Stryd brysur. Stryd bwysig. O Bwll y Pentre i Bont Ystradyfodwg. Heibio i Siop Beynon, Siop Ben John Barbwr, Siop Taid, Siop Danford, Siop Rutley, Siop Daniel, Siop E. H. Davies, Siop Lloyd, Siop Bracchi, Eglwys San Pedr, Siop Harry Sling, Siop Green Gringrosar, Siop Jenkins Cemist, Siloh, Rock Shop, Siop Scadding, Siop Cule, Siop Jiwlar, Siop Ralff y Crydd, Siop Wilshar, Pwll y Pentre!'

Gorwelion.

27. Stryd Fawr Pentre, Y Rhondda, adeg ieuenctid Rhydwen.

Disgrifiad o brysurdeb Pentre, Cwm Rhondda, adeg y Nadolig, o'r nofel *Y Briodas*:

'Clywid y ceffylau'n mynd heibio drwy gydol y dydd tan berfeddion nos yn cario basgeidiau mawr o fwyd o'r siopau i'r tai. Nid oedd yr elfen ysbrydol i'r Nadolig yn ddibris yn y Cwm, pob capel â'i drefniadau arbennig ei hun o barti'r-plant i'r gyngerdd fawreddog. Perfformid y 'Meseia' yng nghapel Seilo, doniau poblogaidd fel Tom Bonnell a Shoni Baswr yn cymryd rhan, ac er bod y capel yn un o'r mwyaf yng Nghymru nid oedd sedd yn sbâr i neb erbyn y noson. Gallai'r gweinidogion ddisgwyl gweld y gwrthgilwyr i gyd wedi dychwelyd i'r gorlan ar gyfer oedfa'r Nadolig, ac yr oedd pregethau cain a phwrpasol i'w traddodi i gynulleidfaoedd mawrion. Ond nid oedd yr elfen faterol i'r Nadolig yn ddibris yn y Cwm ychwaith. Treiglai'r arogleuon o'r ffwrn ymhob tŷ gan gosi pob trwyn a âi heibio yn ddigon i droi'r piwritan penna'n lleidr pen-ffordd. Dangosai'r cigyddion fynyddoedd o gywion-ieir a thwrcïod a gwyddau a moch marw. Dangosai'r groseriaid byramidiau o duniau a photiau-jam a the a siwgwr a menyn a chorn-biff. Roedd gan Jones-a-Devonald siwtiau newydd crand i ddynion a chan Cule arddangosfa o wisgoedd sidan newydd i ferched. Pefriai ambell em yn ffenast Dotter y Jiwlar fel llygad sarff. Ac am Siop Wilshar – awgrymai'r teganau bod y Tylwyth Teg wedi dod i'r ardal i fyw!'

O'r gyfrol gyntaf yn y drioled
Cwm Hiraeth, sef *Y Briodas*, 1969.

28. Glowyr yn y tridegau yn pleidleisio naill ai o blaid neu yn erbyn streicio.

'Roedd bywyd yn bur galed drwy'r Cwm; ac i wneud pethau'n waeth gwelaf gofnod sy'n dweud i'r flwyddyn ddechrau'n anobeithiol pan gyhoeddwyd streic. Nid wyf erbyn hyn yn cofio beth oedd y rheswm am y streic, a bwrw fy mod yn gwybod ar y pryd; dim ond un peth y gwn hanner canrif yn ddiweddarach, boed gam neu'n gymwys – yr oedd fy nghydymdeimlad yn llwyr gyda'r glowyr. Mae'r atgof am wynebau'r coliars mor fyw ag erioed, Wil Eynon, Dai Painter, Jac Rees, Tom Sara, Sami Tŷ-cornel, ac eraill, dynion cryf, dynion onest, dynion twymgalon, a'r hen fyd anodd a didrugaredd hwn wedi gormesu pob un ohonynt. Gwelais y dynion hyn yn llenwi'r awyr â'u chwerthin ond gwelais y dynion hyn hefyd yn cau eu dyrnau a chablu'r pwll a'r perchenogion. Clywais ingoedd dirdynnol yn eu lleisiau a gwelais yr angau digywilydd yn stelcian tu ôl i'w llygaid. Bûm yn eu gwylio mewn carnifal ac mewn angladd, eu llygadu mewn tafarn ac mewn teml. Ac er imi grwydro ar dro yn ddigon pell o'u cynefin nhw, ma'n nhw wedi fy nilyn fel ysbrydion Glangors-fach. Nid oes ddianc rhagddynt. Y mae'r camwedd a'r loes a'r siom a'r anghyfiawnder a ddioddefodd y bobl hyn yn glwyf hyd y dwthwn hwn. Methais â chanu cân na chreu stori heb fod cysgodion y rhain rywle ar y gorwelion. Eu hatgof a'u hachos nhw yw fy ngwleidyddiaeth. Eu diffuantrwydd a'u hawddgarwch nhw yw fy nghredo.'

Gorwelion.

29. Pwll glo Pentre, Y Rhondda, lle bu tad Rhydwen yn löwr.

29

30. Rhydwen, yr ail o'r chwith, gyda'i gyfeillion ifanc, pan oedd yn blentyn yn Y Rhondda. Dan y llun fe ysgrifennodd Rhydwen y geiriau: 'Dysgais 'nabod y bechgyn wrth eu lleisie . . .'

'Yma, mor fuan ag y deuthum i fanteisio ar bâr o goesau, darganfûm gonglau deiliog lle'r oedd y gwiwerod yn brasgamu a dringo, a minnau'n ddigon clust-denau i glywed llygod-y-maes yn hopan a sniffian rhwng clychau'r gog wrth frecwasta ar y mes, a gorwedd ar fy mol i weld fy llun yn y dŵr cyn i ryw wybedwr brith derfysgu'n ddifanars y llonyddwch â'i big.

O, fel y bu fy mywyd ifanc yn orlawn o ryfeddodau – cnocell y coed yn nythu ar gyrion Gelli Goch, aruthredd Cwm Saerbren yn hanner cylch braf fel cadair freichiau 'nhad, blodau porffor gerllaw hen chwareli Ynysfeio a'r rhedyn Mair hir lle'r oedd llysiau duon bach yn pyngu'n bert, a physgod mân mân Llyn Twm Padrig yn cynhyrfu dan drem sigl-di-gwt a churyll!'

O'r Rhagair i'r gyfrol
Y Casgliad Cyflawn, 1941-1991.

30

Y Glowyr

Fel adar drycin ar ben craig
saif y glowyr yn y glaw,
catrodau trist ar fentro
i frwydr, heb arf,
heb obaith, ac oerni'r bore
fel bidogau noeth
yn trywanu nwyd a newyn.

Yr un yw'r frwydr o genhedlaeth
i genhedlaeth, dim ond
yr wynebau sy'n newydd;
yr un yw'r gelyn
â'r un a heriodd eu tadau, dim ond
y celwyddau sy'n newydd.

Y rhain yw'r gwŷr sy'n disgyn
i hyll ogofâu'r llygod
er ein llwydd a'n lles.
Gwarafunwn iddynt eu gwala.
Huriwn blismyn i'w hela
fel y milwyr hynny gynt.

Dai bach, paid â disgyn mwy!
Gad i ni brofi brath
yr un oerni â thi.

Y Casgliad Cyflawn, 1941-1991.

31. Ym 1931 gadawodd Rhydwen Y Rhondda, gyda'i dad a'i fam, ei frawd a'i chwiorydd, am Gaer. Y mae Rhydwen yn cyfeirio at y llun hwn fel: 'Y diwrnod cynta' yng Nghaer'.

31

(b) Caer

'Pan gludwyd ein dodrefn a ninnau dros Fannau Brycheiniog y bore hwnnw o Awst, fy mhymthegfed pen-blwydd, gwelsom ein tŷ ni a'n cymdogion ac amlinell drist-felys y cwm yn mynd o'r golwg; a daeth i ben yr ymdeimlad o fod yn gwbl gartrefol yn hyn o fyd, a disodlwyd yr ymdeimlad clyd o berthyn gan yr ansicrwydd brawychus hwnnw sy'n bygwth einioes pob ffoadur, o'r fam ifanc honno a ffodd o flaen hyrddod Herod i drueiniaid y Gulag a'r betrisen a'r llwynog a'r creaduriaid mud hynny sy'n synhwyro'n sydyn bod traed yn eu hela a gwn wedi'i anelu. Fe ddiosgwyd fy modolaeth ddibrofiad o'i bachgendod, mor ddifalio ag y tynnai meddyg Llysygraig fandais oddi ar glwy' coliar neu Joe Ifans y Saer risgl darn o bren cyn plannu'i gŷn yn ei gnawd i'w gerfio i'r unrhyw lun ag a fynnai.'

O'r Rhagair i'r gyfrol *Y Casgliad Cyflawn, 1941-1991.*

32

'Mae tristwch y dyddiau olaf yn yr hen Gwm i'w weld mor amlwg ag ymyl du ar gerdyn mwrnio – gwerthu'r piano, yr oedfa olaf, pacio'r llestri, cymdogion yn galw i ddymuno'n dda; a'r un modd, y dieithrwch dirdynnol wrth sangu am y tro cyntaf ar balmant y ddinas, rhoi dodrefn yr hen gartref yn ein cartref newydd, wynebau newydd, acenion newydd, byd newydd, a'r hiraeth am y Cwm pell yn corddi'r coluddion fel injan-ddyrnu.'

Rhydwen yn ysgrifennu am ei ymadawiad â Chwm Rhondda, yn blentyn ym 1931, a mynd i fyw i Gaer. O'i gyfrol *Gorwelion.*

32. Rhif 9 Panton Road, Hoole, Caer (y tŷ ar y dde) lle'r oedd Rhydwen a'r teulu yn byw yn ystod eu cyfnod yng Nghaer. Yn y tŷ ar y chwith, sef rhif 7, yr oedd Margaret Anne a'i theulu yn byw. Trwy ffenest flaen tŷ Margaret Anne y gwelodd Rhydwen y delyn a oedd i godi ei galon wrth iddo sylweddoli bod Cymry Cymraeg yn byw drws nesaf iddo mewn dinas mor Seisnig. Daeth merch Margaret Anne, sef Mair Môn, yn delynores enwog yn ei hamser, ac fe gadwyd cyswllt agos rhwng y ddau deulu hyd ddiwedd oes Rhydwen.

'Ar ôl symud o Gwm Rhondda i ddinas Caer yn niwedd y tridegau, diwreiddio digalon o gynefin, capel, ac ysgol, edrychasom allan un bore o ffenestr y parlwr a gweld telyn ym mharlwr drws-nesa'. Yna, bysedd yn tiwnio a llais ifanc yn canu:
Henffych well, Fôn, dirion dir,
Hyfrydwch pob rhyw frodir . . .
ac nid oedd eisiau ebwch yn ychwaneg ar fy rhieni i ymholi a chychwyn cyfeillgarwch, un a barodd weddill eu dyddiau. Cymdogaeth dda a Chymreig mewn dinas ddieithr a fu'n fendith a diddanwch i bawb ohonom, ac i minnau'n fwy na neb, yn gwbl waredigol – uchel fraint yw tystio i hynny heddiw!

Er gorfod byw yn awyrgylch Seinigrwydd y ddinas bellach, golygodd hyn o gymdogaeth dda y gellid ymlid ymaith y dylanwadau newydd, a bod yn sŵn y Gymraeg a'i phethe y tu allan i gylch yr aelwyd, er nad oedd hynny ond cyn belled â drws-nesa'.

O'r Rhagair i'r gyfrol *Y Casgliad Cyflawn, 1941-1991.*

33

33. Rhydwen (ar y chwith) yn fachgen, gyda'i gefnder, Winston Howells, ar y prom yn Y Rhyl ar gychwyn y tridegau.

34. Capel Penri, Caer, lle'r oedd Rhydwen a'r teulu yn aelodau selog.

'Y capel hwnnw a'i gymdeithas gynnes oedd ein solas y pryd hwnnw fel salm a thelyn perganiedydd yn yr anialwch; yr wynebau mewn sedd a sedd fawr, yr enw i bob un mor gynefin â'r enwau yn yr hen Gwm, a'r Gymraeg ar bob tafod fel hyfrydlais, yn wir.'

Rhydwen yn ysgrifennu am gapel Penri,
a fynychid gan y teulu o'r cychwyn, yng Nghaer.

Gorwelion.

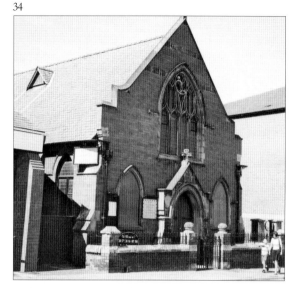

34

35. Aelodau o gapel Penri, Caer, ar wibdaith i lan y môr, yng nghyfnod ieuenctid Rhydwen, yn y tridegau cynnar.

36. Grŵp o aelodau capel Penri, Caer. Mae mam Rhydwen yn sefyll ar y chwith yn y blaen, a thad Rhydwen ar y chwith yn y rhes gefn.

35

36

37

37. Rhydwen, ar y chwith, yn fachgen, yn sefyll gyda'i dad, Thomas Edward, a'i daid, Edwin, ar fferm ei ewythr, Jac yr Odyn, yn Sir y Fflint. Rhoddodd Rhydwen y teitl 'Tair cenhedlaeth' i'r llun hwn.

38. Rhydwen, yn y tridegau cynnar.

'Gadewais ddinas Caer ar y trên am Fae Colwyn ar ôl cinio dydd Llun, Tachwedd 9, 1931, a dechreuais weithio'r bore wedyn yn siop Sadrac Ifans a'i fab. Am fachgen yr hysbysebwyd, ond nid oeddwn wedi gwisgo ffedog wen na sefyll tu ôl i gowntar yn hir cyn sylweddoli mai swydd addasach i geffyl y Co-op oedd hi yn ôl yr hyn a ddisgwyliai'r grosar am ei bymtheg swllt.'

Rhydwen yn cychwyn ar ei swydd gyntaf oll ym 1931, mewn siop grosar ym Mae Colwyn.

Gorwelion.

39. Rhydwen, ar y chwith, ym 1937, gyda'i gefnder, Eddie.

SWYDDI CYNNAR

'Yr oedd newydd-deb cefndir a sydynrwydd tyfu i fyny braidd yn fwy nag y medrai fy nghyneddfau ddygymod â nhw.'

'Rhyw chwe mis cwta a barhaodd ei yrfa fel garddwr a threuliodd flwyddyn a hanner digon diddrwg-didda mewn siop groser. Oddi yno, fe ddilynodd gamre ei dad a mynd i weithio mewn swyddfa inshwrin. 'Roedd hefyd wedi bod yn mynd i ddosbarthiadau nos i ddysgu llaw-fer.'

O gyfrol 3, *Portreadau'r Faner.*

38

39

40

41

'Y noddfa i'r teulu i ddianc rhag Seisnigrwydd Caer oedd capel bach Penri. Yno 'roedd cymdeithas glòs a chynnes, debyg i un Y Rhondda. Un Sul, fe ddaeth gŵr o'r Sgiwen, a oedd yn weinidog yn y Ponciau, John Powell Griffiths, yno i bregethu ac aros ar aelwyd teulu Rhydwen Williams. 'Roedd yn glasurwr ac yn ieithegwr gwych a chlosiodd y ddau at ei gilydd. Gwahoddodd y llanc i fynd i'w dŷ am wersi mewn Groeg, Lladin, Ffrangeg a Saesneg a'r unig dâl a fynnai am ei drafferth oedd owns o faco Rubicon bob wythnos. Deffrôdd yr awydd yn Rhydwen i fynd i goleg i'w wella ei hun ond 'roedd y teulu mewn argyfwng ac arian yn brin. Fe gafodd gefnogaeth trwy ei gynnig ei hun i'r weinidogaeth. Llwyddodd mewn arholiad arbrofol a chafodd ei dderbyn i Goleg y Brifysgol yn Abertawe.'

O Gyfrol 3, *Portreadau'r Faner*.

40. John Powell Griffiths, yn eistedd yng nghanol y rhes flaen, ymhlith ei fyfyrwyr. Y mae Rhydwen yn sefyll yng nghanol y rhes ôl.

Teyrnged Rhydwen i John Powell Griffiths, gŵr a'i paratôdd yn Y Rhos ar gyfer addysg grefyddol yn Ysgol Ilston, Abertawe.

'Fe'i gwnaeth yn genhadaeth bywyd i hyfforddi bechgyn heb ysgol na chyfle i ysgolia, gan ddysgu Groeg, Lladin, Ffrangeg, Esperanto, Mathemateg, Hanes, ac ati, er mwyn hwyluso'r ffordd iddynt fynd i'r coleg.'

Gorwelion.

41. Rhydwen yn ugain oed yn ystod yr Ail Ryfel Byd, yma yn y llun yn was priodas ym mhriodas ei chwaer Jennie. Y mae Rhydwen yn sefyll ar y chwith. Nesaf ato y mae Mair Williams (y delynores Mair Môn yn ddiweddarach). Y mae chwaer arall Rhydwen, sef Madge, yn sefyll ar y dde i'r grŵp. Tynnwyd y llun y tu allan i Gapel Penri, Caer.

3. Addysg

42

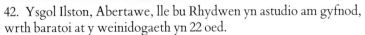

43

44

42. Ysgol Ilston, Abertawe, lle bu Rhydwen yn astudio am gyfnod, wrth baratoi at y weinidogaeth yn 22 oed.

43. Treuliodd Rhydwen gyfnod byr ym Mhrifysgol Abertawe, ond gorfu iddo adael oherwydd afiechyd.

44. Rhydwen y stiwdant ym Mhrifysgol Abertawe.

45

46

47

45. R. Williams Parry.

'Pan ddaeth y rhyfel, penderfynodd fod yn rhaid iddo sefyll fel gwrthwynebydd cydwybodol ar seiliau cenedlaethol. Cododd anawsterau iddo fel myfyriwr diwinyddol ac aeth yn fyfyriwr am gyfnod byr i'r coleg ym Mangor lle'r oedd a'i fryd ar wneud cwrs yn yr adran Gymraeg. Yno daeth dan hud personoliaeth ramantus y darlithydd a'r bardd R. Williams Parry a threulio llawer o amser yn ei gwmni. Adlewyrchir ei frwdfrydedd am bwysigrwydd y bardd yn llinellau ei gerdd iddo.'

O gyfrol 3, *Portreadau'r Faner.*

46. Geirda y Parchedig T. Joseph Morgan, gweinidog capel Penri, Caer, pan oedd Rhydwen yn fyfyriwr diwinyddol ac yn chwilio am swydd.

47. Rhydwen y myfyriwr, yn 30 oed, ar ôl oedfa yng nghapel Penri, Caer.

4. Priodas a Theulu

48

50

48. Margaret (ar y dde) yn ei hieuenctid, cyn iddi fynd yn ddarpar-wraig i Rhydwen.

49. Diwrnod dyweddïo Rhydwen a Margaret yn Aberdâr, adeg y Rhyfel, ym 1940.

50. Achlysur priodas Rhydwen a Margaret, ym 1943, o flaen tŷ mam-gu a thad-cu, yn Cemetery Road, Porth.

49

51

53

54

52

51. Y tŷ yn Cemetery Road, Porth, Y Rhondda, lle bu Rhydwen a'i wraig Margaret yn byw wedi iddynt briodi.

52. Ganed Huw yn fab i Rhydwen a Margaret. Mae'n chwe mis oed yn y llun hwn.

53. Rhydwen, Margaret ei wraig, a'u mab Huw, yng ngardd tad-cu, yn Y Rhondda, ym 1945.

54. Margaret, Rhydwen a'u mab Huw, y tu allan i dŷ'r capel, Carmel Hall, Pont-lliw, ym 1948.

55. Margaret, gwraig Rhydwen, a'i mab Huw, ar lan y môr, pan oedd Huw yn 6 oed.

56. Huw, mab Rhydwen, yn ei arddegau yn Y Rhyl.

57. Rhydwen a Margaret yn ymweld â ffatri deisennau Morgan Morgan yn Abertawe.

58. Rhydwen a Margaret gyda'u cyfaill mawr Hubert Thomas a'i blant, yn Langland Bay. Yr oedd Hubert yn arbenigwr ffitrwydd, a helpodd Rhydwen i adfer iechyd ar ôl damwain car.

5. Y Weinidogaeth

Wrth weithio i dîm ambiwlans y Crynwyr yn Lerpwl yn ystod yr Ail Ryfel Byd, fe brofodd Rhydwen o erchylltra rhyfel pan fomiodd y Natsïaid y ddinas honno'n ddidrugaredd. Y mae ef yn disgrifio'r profiad yn ei hunangofiant:

'Tai a fu'n dai neithiwr. Goleuadau'n cribo'r awyr. Y lloer hyll, euog a ddengys y ddinas i'r gelyn yn cael ei dal a'i chondemnio gan y goleuadau. Cerddaf o gwmpas fel dyn ar goll. Yr *wyf* ar goll! Brics a chyrff yn bentyrrau – lloches a fomiwyd! Gwelaf droed mewn esgid. Pen – ble'r oedd y corff? Mae'r trydan yn y nerfau a'r cyhyrau a'r gewynnau yn canu'n fwy fyth. Cerddaf ymaith. Ni fedr neb sefyll yn ei unfan i syllu ar alanas fel hyn. Strydoedd a fu'n strydoedd neithiwr. Hanner ystafell wely dan belydrau'r goleuadau. Dol yn y gwter. Tri gŵr yn pwmpio dŵr am eu bywyd. Hanner-cylchoedd o olau yn golchi wyneb y nos. Dyrnu dyrnu dyrnu uwchben. Disgwyl bom. Dod at dwll mawr. Crateri. Y lloer rhwng y muriau chwâl. Ysbrydion! Ar fy mhen fy hun eto. Neb o gwmpas. Dinas wag. Ffurfafen orlawn. Ffynnon o ddŵr yn tarddu o'r ddaear. Siwer yfflon. Y drewdod fel lladd-dy yn yr haf. Gynau yn dal i gega.'

Gorwelion.

59. Cerdyn cyfarch Rhydwen, pan oedd yn bregethwr ifanc ac yn byw yng Nghaer.

60. Ysgoldy Capel y Bedyddwyr, Treboeth, lle pregethodd Rhydwen ei bregeth gyntaf un, pan oedd yn fyfyriwr yn Abertawe.

61.   Rhyfedd o alwedigaeth oedd hon!
        Athrylith nid yw'n ormod
    at ei gwasanaeth, na'r symledd
        diniweitiaf yn ddi-fudd.
    Gwyleidd-dra ei hunig wisg
    a chlwyf aberth ei hunig fathodyn.

        'Y Gweinidog', *Y Casgliad Cyflawn, 1941-1991.*

60

61

59

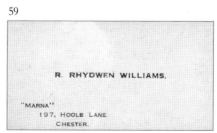

R. RHYDWEN WILLIAMS,

"MARNA"
197, HOOLE LANE,
CHESTER.

''Roedd cyfrol o bregethau, fel casgenaid o fala codwm, bob amser yn dda neu'n ddrwg. Hanfod pregeth 'dda', beth bynnag arall oedd yn brin, oedd rhethreg, ac yr oedd hynny'n hawlio dipyn o sglein a dychymyg. Os na fu capelwyr Cymru yn rhy hoff o ymarfer dychymyg mewn pensaernïaeth adeilad a defosiwn (ac nid yw'r fath ddamcaniaeth yn gwbl ddi-sail), nid oedd gan y bregeth Gymraeg siawns yn y byd heb ehediadau lliwgar. Faint bynnag o ddiffuantrwydd ac athrawiaeth iachus a gynhwysid, rheidrwydd oedd elfen o berfformiad hefyd. 'Roedd gofynion pendant i bregeth 'dda': gwybodaeth, gwirionedd, eglurdeb, mae'n siŵr, ond nid oedd modd esgusodi neb a anwybyddai gelfyddyd.'

Gorwelion.

62. Ainon, capel y Bedyddwyr, Ynys Hir, capel cyntaf Rhydwen fel gweinidog. Ordeiniwyd ef yno ym 1941.

63. Llythyr Rhydwen, dyddiedig 7.5.42, o'r Rhondda at ei fam a'i dad wedi iddo ddechrau'n weinidog yng Nghapel Ainon, Ynys Hir, Y Rhondda.

62

63

AINON, WELSH BAPTIST CHURCH, YNYSHIR.

Hon. Treasurer :	Minister :	Hon. Secretary :
Mr. HENRY THOMAS,	The Rev. R. R. WILLIAMS,	Mr. THOMAS LEWIS,
22, Graig Road, Ynyshir.	22, Graig Road, Ynyshir.	117, Aber-Rhondda Road, Porth.

7:5:42

My Dear Dad, Mam and All.

I'm sorry to keep you so long without a letter. Ever so many thanks, Mam fach, for the parcel and for your letter and the one from Dad and Nain. I'm glad to know youre all well. I've been thinking a lot about you and hoping you have been kept without raids toward Chester. Its been quiet here.

I've been to Pentre. They are all well at Carne Street and remembering to you! Auntie Jane gave me Mam's letter to read. She was very pleased to recieve it.

I had a good time in Big Meetings last week . There was another preacher with me, Rev. Mathias Williams Bargoed. I stayed with Mrs George, Lloyd George's mother and she was exceptionallly kind to me.

I have'nt heard from Eif for over a week and I'm expecting to hear every post now. When did you hear from him? I'm sorry I forgot Madge's birthday. But I'll send a little gift for her and Jin now soon as it will

64

65

64. Yng ngolwg y Rhydwen ifanc, y gweinidog delfrydol oedd y Parchedig Lewis Valentine.

> Nid goglais y dyrfa na gweini'r dethol
> oedd bod yn weinidog iddo ef.
> Rhoes wisg Gymreig ei bregeth a'i brôs
> i salmau'r Hebrewr gorthrymedig.

'Y Gweinidog'.

Y Parchedig Lewis Valentine, yn sefyll rhwng D. J. Williams a Saunders Lewis.

65. Capel Carmel, Pont-lliw. Ar ôl cyfnod byr yn weinidog yn Resolfen (1947-48) ordeiniwyd Rhydwen yn weinidog yng Ngharmel. Bu'n gwasanaethu yno rhwng 1948 a 1957.

66. Rhydwen, yn ystod ei gyfnod ym Mhont-lliw yn y pumdegau.

67. Rhydwen wrth ei deipiadur yn yr ardd ym Mhont-lliw. Cynhyrchodd gryn dipyn o farddoniaeth yn ystod y cyfnod hwn.

68. Rhydwen (yn sefyll yr ail o'r dde yn y rhes gefn), ymhlith gweinidogion Dosbarth Tregŵyr, adeg cynhadledd Undeb Bedyddwyr Cymru yng Ngorseinon ym 1951.

66

67

68

69. Rhydwen yn eistedd ar y bont fechan yn yr ardd ym Mhont-lliw, yn y pumdegau cynnar.

70. Yn myfyrio uwch ei bregeth yn Carmel Hall, Pont-lliw.

70

69

71

71. Y Parchedig Rhydwen Williams (yng nghanol y llun) ar ôl iddo wasanaethu mewn priodas ym Mhont-lliw.

72. Capel y Bedyddwyr, Y Rhyl, lle'r oedd Rhydwen yn weinidog yn ystod y cyfnod pan oedd yn gweithio fel cynhyrchydd teledu yn Granada, Manceinion.

73. Y tŷ yn Pendyffryn Road, lle'r oedd Rhydwen a Margaret yn byw pan oedd ef yn weinidog yn Y Rhyl.

73

72

74

76

75

> Hwn yw fy annwyl fab, ddiffuant
>   dduw,
> yng nghyfyng gell ei gnawd ar
>   lawr y byd,
> arloeswr Bywyd yn arloesi byw,
> hanfod y cread ar ei daith o'r
>   crud!
>
>   Rhydwen.

74. Rhydwen gyda William Morris Roberts, deacon yn Tabernacl, capel y Bedyddwyr, Y Rhyl.

75. Yr oedd Rhydwen yn gyfrannwr cyson, trwy gerdd, ysgrif a phregeth, i gylchgrawn y Bedyddwyr, *Seren Cymru*. Dyma gerdd fechan ganddo adeg y Nadolig 1966, sef dyfyniad o'i bryddest 'Yr Arloeswr'.

76. Capel Tabor, Dinas, Sir Benfro, lle bu Rhydwen yn weinidog rhwng 1966 a 1967, wedi iddo adael byd y teledu.

77

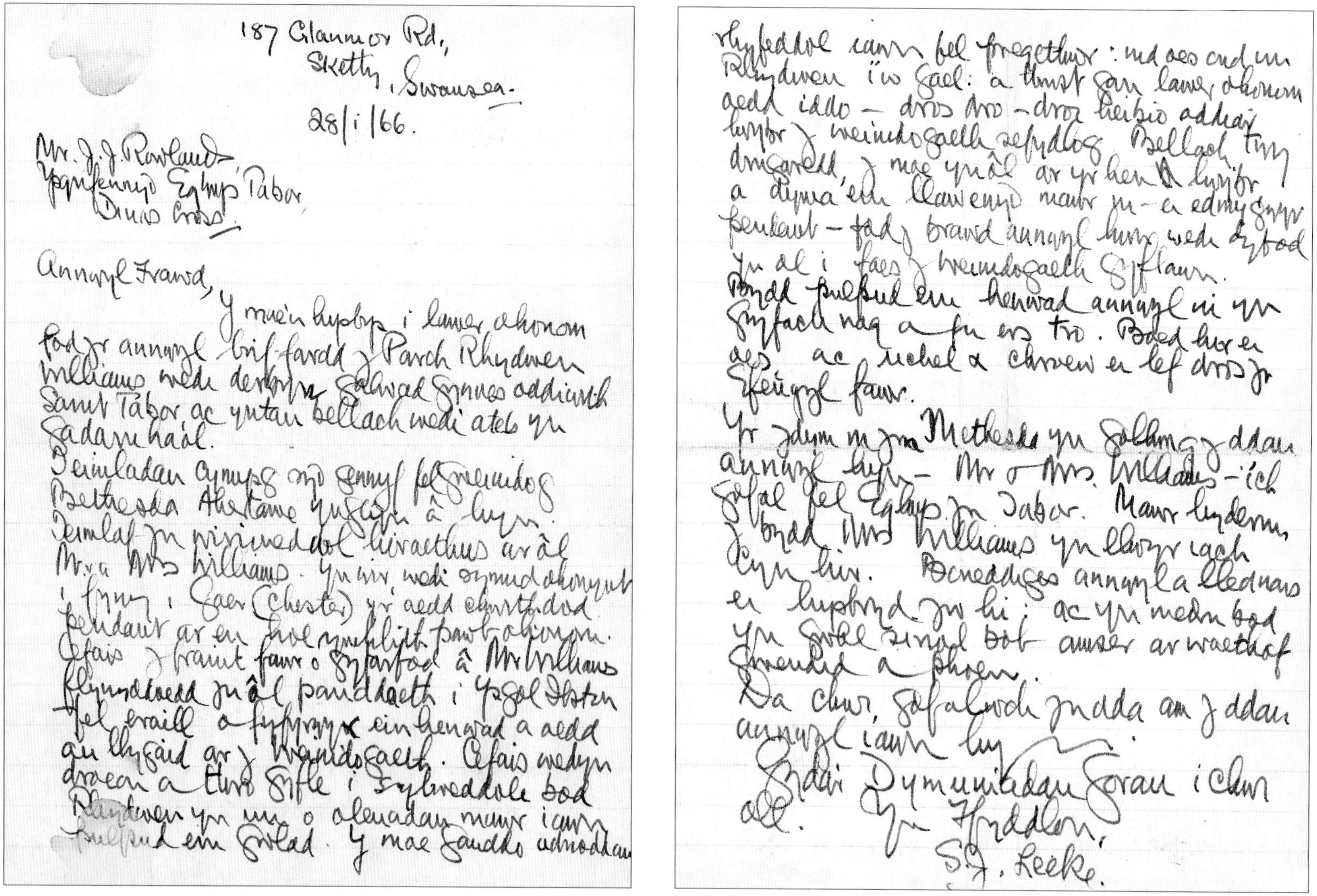

187 Glanmor Rd,
Sketty, Swansea.
28/1/66.

Mr. J. J. Rowland,
Ysgrifennydd Eglwys Tabor,
Dinas Cross,

Annwyl Frawd,

[Llythyr mewn llawysgrifen Gymraeg — rhannau'n anodd eu darllen.]

77. Llythyr S. J. Leeke, eglwys Bethesda, Abertawe, yn cymeradwyo Rhydwen i weinidogaeth capel Tabor, Dinas, Sir Benfro.

78

TABOR

EGLWYS Y BEDYDDWYR

DINAS, PENFRO

⸎

CYNHELIR

𝕮𝖞𝖋𝖆𝖗𝖋𝖔𝖉𝖞𝖉𝖉 𝕾𝖊𝖋𝖞𝖉𝖑𝖚

Y Parch. ROBERT RHYDWEN WILLIAMS

Yn Weinidog yr Eglwys

NOS FAWRTH A DYDD MERCHER,
MEHEFIN 21 A 22, 1966

Estynnir i chwi wahoddiad cynnes

⸎

Dros yr Eglwys :
J. J. ROWLANDS

2 Spencer Buildings,
Dinas,
Penfro.

Y Parch. ROBERT RHYDWEN WILLIAMS

78. Rhaglen cyfarfod sefydlu y Parchedig Robert Rhydwen Williams yn weinidog ar eglwys Tabor, Dinas, Sir Benfro, ym Mehefin 1966.

79

Tabor, Dinas, Sir Benfro

CYFARFODYDD SEFYDLU

Y Parch. ROBERT RHYDWEN WILLIAMS

Cynhaliwyd y cyfarfodydd hyn nos Fawrth a dydd Mercher, Mehefin 21 a 22. Bu disgwyliad mawr yn yr eglwys a'r sir am y digwyddiad hwn, ac yr oedd yr un diddordeb wedi estyn i gylchoedd dros Gymru i gyd.

Llywyddwyd yr oedfa gyntaf gan y Parch. R. Parri Roberts, Mynachlogddu. Mynegodd ei lawenydd personol yn yr ffaith fod enwau cewri fel Robert Williams, Nasareth, Edward James, Nefyn a'r Dr. Waldo James yn ei glymu wrth yr un âch.

Dechreuwyd yr oedfa gan y Parch. John Lewis, gweinidog Hermon, Abergwaun, a'i ddarlleniad a'i weddi yn rhoi cywair hyfryd i'r gwasanaeth. Pregethwyd gan un a' fu'n gyfaill cywir i eglwys Tabor, y Parch. H. J. Roberts, Hen-dŷ-g w y n-ar-Dâf, a'i ddilyn gan un a godwyd i'r weinidogaeth yn Nhabor, y Parch. J. J. Walters, Pontypridd, sydd ar fin symud i Graigcefnparc. Oedfa ddwys a gwlithog oedd hon, a diolchwyd amdani'n dyner iawn gan y Parch. T. R. Jones wrth roi'r fendith. Gwasanaethwyd wrth yr organ gan Miss Margaret Rowlands.

Y SEFYDLU

Yr oedd y tyrfaoedd wedi cyrraedd o bob rhan o Gymru erbyn hanner dydd y diwrnod wedyn, a chwiorydd diwyd o siriol Tabor yn barod wrth y byrddau i roi croeso ymarferol yn enw'r eglwys.

Erbyn amser yr Oedfa Sefydlu, 'r oedd y capel prydferth yn or-lawn. Llywyddwyd gan y Parch. Gerson Davies, a chanwyd yr emyn cyntaf o eiddo D.R. Griffiths, a gyd-fagwyd â'r gweinidog newydd ym Moreia, Pentre, yn bur wefreiddiol. Cymerwyd at ddefosiwn yr oedfa gan y Parchn. John Young a D. Haydn Bevan, cyn i Ysgrifennydd yr eglwys, y brawd J. J. Rowlands amlinellu'n gynnil a difyr hanes yr alwad. Atebodd y Parch. Rhydwen Williams—yr oedd ef am ddod i Tabor; yr oedd y bobl am iddo ddod i Tabor; ac yr oedd Duw yng Nghrist—yn ôl pob arwydd—am iddo ddod i Tabor.

79. Adroddiad cyfarfod sefydlu y Parchedig Rhydwen Williams yn weinidog ar Tabor, Dinas, Sir Benfro, o'r cylchgrawn *Seren Cymru*.

80. Rhydwen, gweinidog Tabor, Dinas, ar achlysur priodas Mair a Cledwyn Davies, Awst 1966.

80

81

PULPUD 1967

Mwg o'r Mynydd

RHYDWEN WILLIAMS

(Pregeth a draddodwyd yn Nhabor, Dinas, Sir Benfro, fore Sul, Hydref 23, 1966, drannoeth i drychineb Aber-fan, gan y gweinidog)

"A'r holl bobl a welsant ymynydd yn mygu . . ."

(Ecsodus 20. 18).

Wn i ddim beth oedd achos y drychineb a ddisgrifir yn y bennod hon. 'R oedd hi'n brofedigaeth ddychrynllyd, mae'n amlwg —"taranau, mellt, a'r mynydd yn mygu." Cartref tangnefedd a phrydferthwch a thyfiant yw'r mynydd i fod, ac y mae gweld mwg yn dod ohono yn arwydd bob amser fod tristwch a thrasiedi yn yr awyr.

'R oedd y defaid wedi dychryn ar y llethre, a'r corlannau'n yfflon, o bosib. 'R oedd teuluoedd wedi gorfod gadael eu tyddynnod a hel eu pac pan glywid trwst y mynydd llidiog, mae'n siwr. Gallwn ddychmygu panig y mamau a'r plant, a'r tadau dewr yn gweithio fel morgrug i gadw'r digofaint du tu fewn i derfynau.

Mae'n bwysg sylwi nad yw'r mynydd byth yn poeri tân a llysnafedd o'i grombil ar ben dynion heb fod gan Dduw rywbeth i'w ddweud yn y mater. Er gwaetha'r mwg, llwyddodd Moses i glywed geiriau Duw, a thynnodd orchymynion Duw allan o'r graig gynddeiriog a'r mynydd creulon.

Gweld y taranau, a'r mellt, a'r mynydd yn mygu a wnaeth y bobl—a gellir cydymdeimlo â nhw, wrth gwrs. Tipyn o beth oedd gweld yr erwau a fu'n drwm gan wlith ychydig oriau'n ôl yn ddu gan lafa a mwg yn awr. Ond 'r oedd 'na bethe eraill i'w gweld yn y brofedigaeth sydyn ac ynfyd—a dyna'r pethe sy'n cadw dyn rhag mynd yn wallgo' dan y fath amgylchiadau.

Mae 'na ddeubeth sy'n wir am bob trychineb. Y pethe mae'r trychineb yn *medru'a* gneud; a'r pethe mae'r trychineb yn *methu'a* gneud.

1. *Beth yw'r pethe mae'r trychineb yn medru'u gneud*?

(1) Mae'n medru drysu a gyrru dynion ar ffo: "A phan welodd y bobl, ciliasant, a safasant o hirbell."

Pan fo'r elfennau yn dangos eu dannedd weithie, ma' nhw'n gneud i ddyn deimlo'n fach a di-amddiffyn iawn. Gall fod y daran a'r fellten wedi'u strapio'n sownd wrth arddwrn yr Anfeidrol, ond pan fydda-nhw'n taflu'u pwyse o gwmpas y ffurfafen, mae'n anodd iawn i greadur o ddyn gofio dim am yr arddwrn honno —heb sôn am weld y Llaw dwyfol wrth ei gwaith!

Yn wir, pan fo'r cread yn mynd o'i go' bob hyn a hyn, 'd oes gan greadur o ddyn ddim i'w wneud ond bacio'n ôl—disgwyl— gweddïo—a gobeithio'r gore! "*A phan welodd y bobl, ciliasant, a safasant o hirbell*"—beth arall a fedrai'r trueiniaid ei wneud?

Ac eto, wrth facio'n ôl, mae'n syndod fel mae'r creadur yn camu ymlaen 'r un pryd. Cilio! Ond wrth gilio fel hyn, darganfu dyn fod 'na rywbeth ar wahan i'r daran a'r fellten a'r mynydd tywyll. Bacio'n ôl i freichiau Duw a wna pob eiddil yn ei banig. Gwyddai Job ddigon am drasiedi bywyd, ond ei brofiad wrth ei baglu hi'n ôl nerth ei draed oedd—"*Yn ôl yr af*"—ac fe gredodd am funud 'i bod hi wedi nosi arno, nes iddo weld ble 'r oedd e' wedi landio wrth gilio rhag ei brofedigaeth—"*Mi a wn fod fy Mhrynwr yn nfyw.*"

Nid yw'r garreg yn gwybod ei bod hi mewn storm. Ni fedr deimlo poen; ni fedr brofi llawenydd. Mae bacio'n ôl—cilio— wedi gneud dyn yn ymwybodol fod 'na alluoedd mwy nag ef yn ei erbyn, ond dysgodd hefyd fod 'na Rywun mwy nag ef o'i blaid. Ac ma' Hwnnw'n fwy na'r mellt a'r daran a'r mynydd a'r brofedigaeth.

(2) '*Mae'n medru galw'r dewr i'r adwy. "Nesáodd Moses . . ."*

Mae tân yng nghrombil y ddaear, mae'n wir, ond nid yw'r mynydd byth yn mygu heb brofi fod 'na dân yn nyfnderoedd dyn, hefyd.

Dyn yn unig sy'n medru deall y rheidrwydd o'i addasu ei hun i'w amgylchfyd. Nid yw'r daran yn mentro allan fyth heb fod dyn yn ei chlywed. Nid yw'r fellten yn hollti'r wybren heb fod dyn yn ei gweled. Ac nid yw'r mynydd yn mygu byth heb fod dyn yn medru arogli'r brwmstan yn yr awyr. Dyma amodau ei fywyd, ond dyma'i ogoniant 'r un pryd. Ni fedr y daran ei glywed ef. Ni fedr y fellten ei weled ef. Ac ni fedr y mynydd, er ei fwg i gyd, glywed traed y dewr yn cerdded drwy'i dywyllwch i ymgynghori â Duw.

Yn wir, datblygodd dewrder dynol gymaint erbyn hyn, os nad yw'r mynydd yn herio dyn, bydd dyn yn siwr o herio'r mynydd. A thystia Hanes, pu'n bynnag ohonyn-nhw sy'n pryfocio, dyn neu'r mynydd, anturiaeth dynol, neu drychineb natur, mai *dyn* sy'n ennill y frwydr bob tro. Moses goncrodd Sinai, nid Sinai Foses. Dyn goncrodd Eferest, nid Eferest ddyn. Ma' baner dewrder dynol ar bob crib a thomen a thip a fu'n bygwth einioes dyn erioed.

81. Rhan o bregeth Rhydwen, a draddodwyd yng nghapel Tabor, Dinas, yn sgîl trychineb Aberfan ym 1966, o'r cylchgrawn *Seren Cymru*.

82. Sefydlodd Rhydwen Eisteddfod yng nghapel Tabor, Dinas,
Sir Benfro, yn ystod ei weinidogaeth yno.

83. Bu'n weinidog ar gapel Nebo Newydd, Cwmdâr, o 1976 i 1982.
Hon oedd ei eglwys olaf fel gweinidog.

83

82

FESTRI TABOR, DINAS CROSS

E I S T E D D F O D

dan nawdd y Gymdeithas Ddiwylliadol

Dydd Sadwrn, Mawrth 4, 1967

Drysau'n agored am 5, i ddechrau am 5-30.

Cadeirydd : Mr. EMLYN MORGAN, Abergwaun.

Beirniaid :

Cerdd : Mr. ELGAR PARRY-JONES, Casmael.

Llên : Mrs. EFONIA EVANS, Abergwaun.

Gwaith Llaw : Miss IRIS THOMAS, Dinas.

Arweinydd : Parch. RHYDWEN WILLIAMS, Tabor.

Ysgrifennydd :

Miss MARGARET ROWLANDS, 2, Spencer Buildings,

Dinas Cross.   Ffôn : Dinas Cross 240.

Mynediad i mewn :   Oedolion : 2/6.   Plant : 1/-

PRIS Y RHAGLEN 3c.

84. Rhaglen cyfarfod sefydlu Rhydwen yn weinidog ar gapel Nebo Newydd, Cwmdâr, a'r Gadlys, Aberdâr, yn Ionawr 1976.

85. 'Meddyliodd: Act o addoli sydd i ddigwydd rhwng muriau teml, nid difyrru. Mae'n wir bod yr hen feirdd Groegaidd yn ystyried bod ganddyn-nhw ddyletswydd tuag at y duwiau, ond nid yr un ddyletswydd sydd gan broffwyd neu offeiriad.

'Ma eisie pregethwyr ar Gymru yn fwy na dim arall, ychwanegodd yr hen bregethwr, ac mae'n bwysig iawn iddynt wybod sut i drin cynulleidfa.'

'Siŵr o fod.'

'Pregethu mawr ddaw â Chymru'n ôl –'

'Siŵr o fod,' atebodd Rhymni, ond nid oedd argyhoeddiad yn ei lais. Meddyliodd: Byddai'r hen bregethu theatraidd yn ddamnedigaeth i Gymru, rhan o gaethiwed y genedl, ac yn magu cenhedlaeth arall heb unrhyw rym i wneud safiad. Goleuo'r genedl oedd tasg pregethwr y dyfodol ynghylch ei hiachawdwriaeth . . . yn ysbrydol . . . yn wleidyddol . . . yn gelfyddydol.'

O'r nofel *Adar y Gwanwyn*, 1972.

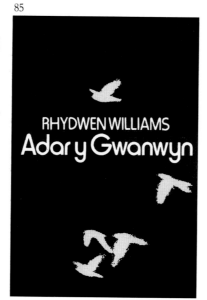

86

87

86. Rhydwen, ar ôl priodi Gwenlyn Parry ac Anne Beynon ym 1986.

87. Jennie Eirian.

''Pa mor galed yw i chi fod yn y weinidogaeth?' Gofynnwyd y cwestiwn yn onest a chwrtais. Gwyddwn y disgwylid ateb yr un mor onest a chwrtais.

'Pa mor galed . . .?' Ni fedrai fy llais na'm llygaid guddio'r syndod. 'Beth sy'n gneud i chi feddwl ei fod yn galed?'

'Mi fyddwn i'n gobeithio ei fod yn galed,' atebodd Siân, 'neu . . . mi fyddwn i'n siomedig ynoch.'

'Pam hynny?'

'Wel, os y'ch chi'n golygu yr hyn a ddwedsoch nawr . . .' – yr oeddwn newydd bregethu mewn oedfa arbennig, capel gorlawn, ac yr oedd hi'n bresennol! – 'mi fyddwn i'n disgwyl i chi gael trafferthion mewn cylch dipyn yn gul a cheidwadol.'

'Tybed . . .?'

Edrychodd yn ddwys arnaf. 'Dowch, dowch, roeddech chi'n huawdl iawn . . .'

'Twt twt!'

Daliai'r llygaid i edrych arnaf yn ymchwilgar. 'Codi hwyl yn unig oedd hynny?'

Aeth y cwestiwn heb ei ateb y tro hwnnw. Bu'n sialens weddill y daith, serch hynny.

Un onest a threiddgar felly oedd Siân.'

O erthygl Rhydwen Williams,
'Mae'r Farddoniaeth yn yr Enw,' *Cyfrol Deyrnged Jennie Eirian*.
Golygydd: Gwyn Erfyl, Gwasg Tŷ ar y Graig, 1985.

88. Dau emyn Saesneg a ysgrifennodd Rhydwen yn arbennig ar gyfer priodas Rhian Ellis, merch Eric Ellis, hen gyfaill i Rhydwen, yng nghapel Carmel, Pont-lliw, ym 1988.

'Wrth ddod yn genedlaetholwr Cymraeg, yr oeddwn yn ymglywed â hanes a thraddodiad y genedl fach y perthynwn iddi, gwelais ystyr newydd i gapel a phregethu a'r weinidogaeth Gristnogol; ac er nad wyf wedi cyflawni'r hyn a ymddiriedwyd i mi yn agos at deilyngdod na bodlonrwydd, glynais wrth hyn o argyhoeddiad hyd yr eiliad hon. Mwy na hynny, deëllais nad rhyw hobi ysgafn neu ddileit i greadur bach emosiynol oedd yr act o farddoni, ond y bu yn weithred Gristnogol o'r cychwyn yng Nghymru, a'i thraddodiad yn hŷn o lawer na Chaucer na Shakespeare y Saeson . . . ac ar ben hynny, 'roedd yr olygwedd Gristnogol yn cynnwys wrth raid elfen gref o genedlgarwch.'

Gorwelion.

88

Trefn y Gwasanaeth
Order of Service

—o—

*Ymdeithgan Briodasol/*Wedding March:
'Lohengrin' . . . . *Wagner*

*Emyn/*Hymn
*Tôn/*Tune: 'Nottingham'

Bless the hearts before Thee now;
Bless their venture and their vow;
  May Thy Sun with holy rays
  Shine upon them all their days!

Teach us all, lest we should drift,
That our love is Thine own gift;
  Nor on earth nor Heaven above,
  Is there greater than Thy love.

Those whose love through all the years
Healed their wounds and dried their tears;
  Jesu, joy be theirs this day
  As new love goes on its way.

All things lovely, all things true,
Favour them, their future too;
  Love their song and solace be
  Till they find their rest in Thee.

Rhydwen Williams

*Darllen/*Reading

*Gweddi/*Prayer

*Y Gwasanaeth Priodasol/*The Wedding Ceremony

*Emyn/*Hymn
*Tôn/*Tune: 'Cwm Rhondda'

Lord of Life, whose lovely kingdom
Guards its subjects all with zest;
Living things in lair and warren,
Wren and robin in their nest;
  Thy creation
Kept with endless, loving care.

Bless the holy vows now spoken
At the altar of the heart;
And however long the journey
May the end be as the start;
  Grant Thy blessing
To their loyalty and love!

Bless the homes that were their haven
In the helpless early years,
And the people — father — mother —
Gave them joy and wiped their tears;
  Bless them ever
And the hearth they now will share!

Rhydwen Williams

*Y Fendith/*The Blessing

*Ymdeithgan Briodasol/*Wedding March:
'A Midsummer Night's Dream' . . . . *Mendelssohn*

6. Y Bardd

Dylanwad cerddi'r bardd W. H. Davies ar Rhydwen pan oedd yntau'n ceisio osgoi mynd i afael y militariaid ar gychwyn yr Ail Ryfel Byd.

'Bu'r gyfrol honno [*Collected Poems* W. H. Davies] bron fel testament am yr wythnosau nesaf, crwydryn yn byw ar brofiadau a gweledigaeth crwydryn arall, ac er na fedrwn gydnabod W. H. Davies fel y bardd mwyaf a fu erioed, bu gennyf feddwl y byd ohono o'r dyddiau tymhestlog hynny, a bu ei ganiadau melys yn solas ar gof a chadw gydol y daith wedyn. Oherwydd, er na ddisgwyliwn y fath olwg ar fyd pan gefais afael ar ei gyfrol gyntaf mwy nag y breuddwydiodd y person a'i rhoes imi am yr hyn a oedd ar fin digwydd, ond darganfûm ar fy mhen fy hun aml i noson serennog wirionedd yr hyn y bu'r crwydryn telynegol o Gasnewydd fyw drwyddo a llwyddais innau i daro ambell dant a'i cynhaliodd yntau.'

Gorwelion.

'Heblaw cael ei alwad gyntaf fel gweinidog, bu dau ddigwyddiad pwysig arall yn ei fywyd yn Ynys Hir. Cyfarfu â'i wraig Margaret, a daeth dan ddylanwad Kitchener Davies a'r gymdeithas glòs o feirdd ifanc "Ysgol Cadwgan". Parhaodd y gyfathrach glòs rhyngddynt am bum mlynedd. 'Roedd Rhydwen eisoes yn genedlaetholwr ond daeth

dimensiwn newydd i'w ddaliadau dan ddylanwad Kitchener Davies.'

O gyfrol 3, *Portreadau'r Faner.*

89. 'Ond yr oedd dylanwad arall ar fin fy nghyrraedd – personoliaeth ddi-droi'n-ôl Kitchener Davies! Nid oedd y canu caeth yn obsesiwn gydag ef 'chwaith; ochneidiai'n fynych am ystrydebau blynyddol yr awdl a'r glec fondigrybwyll – "Ma'n iawn wrth odro neu sgwrio'r beudy i witho peth fel'na i gadw'r drewdod bant falle!"
Nid Dafydd ap Gwilym oedd ei ddyn ef, er ei odidoced, ond Williams Pantycelyn. Dwy elfen ei waith oedd stori i'w hadrodd ac athroniaeth i'w dadansoddi; 'roedd loetran i chwarae mig rhwng llafariaid a chytseiniaid yn fursendod. Gallasai rhesymeg gramadegol a chynganeddol dagu'r gerdd yn fynych a throi'n afreswm; cawg gwag, heb ystyr, dim ond trimins.
Cyffesai Kitch y sgrifennai ar ei gyfer ei hun, yn ei ffordd ei hun, ond gan ryw obeithio y byddai'r ddrama a greai a'r gerdd a ganai yn taro cloch yn ymwybyddiaeth eraill, cynulleidfa theatr a darllenwyr. 'Roedd ei leferydd fel bardd a dramodydd i fod yn ddealladwy. Ni theimlai – a gwnaeth i minnau deimlo hynny – nad oedd gen i drwydded i farddoni heb brofi hynny mewn eisteddfod leol.'

O'r Rhagair i'r gyfrol
Y Casgliad Cyflawn, 1941-1991.

89

90

91

92a

92b

90. Un o gadeiriau cynharaf Rhydwen, Cadair Eisteddfod Llwynhendy ym 1945.

91. Un o gadeiriau cynnar Rhydwen, cadair Eisteddfod Glyn-nedd, a enillodd yr un flwyddyn ag y cipiodd y Goron Genedlaethol yn Aberpennar ym 1946.

92. Cylch Cadwgan.

92a. Pennar Davies.

92b. J. Gwyn Griffiths.

'Ond mae moderniaeth Gymraeg newydd y 1950au yn ymwneud yn ei hanfod ag adnewyddu, yn ysbrydol ac yn genedlaethol. Amlygiad cynnar o'r ysbryd newydd hwn oedd Cylch Cadwgan, grŵp o awduron a fu'n cwrdd yn ystod y rhyfel yng nghartref J. Gwyn Griffiths a'i wraig Kate Bosse-Griffiths yng Nghwm Rhondda, gan geisio cadw cyswllt â diwylliant cyfoes Ewrop. Dau aelod o'r cylch a wnaeth gyfraniad nodedig i lenyddiaeth Gymraeg oedd Rhydwen Williams a Pennar Davies.'

Llenyddiaeth Cymru, Dafydd Johnston, Gwasg Prifysgol Cymru, Caerdydd, 1998.

93

94

93. 'A chofiaf y noson y daeth John Hughes (Treorci) heibio, newydd gael copi o gyfansoddiadau Eisteddfod Genedlaethol yr Hen Golwyn, wedi mopio'i ben ar bryddest J.M., 'Peiriannau': "Falle y cawn lonydd gan y soned a'r delyneg a'r dic-doc cynganeddol am sbel, i weld a oes gennym siawns am dipyn o farddoniaeth sylweddol o'r diwedd!'

O'r Rhagair i'r gyfrol
Y Casgliad Cyflawn, 1941-1991.

94. Rhydwen ar faes yr Eisteddfod Genedlaethol yn Aberpennar 1946.

95. Y Goron a enillodd Rhydwen yn Eisteddfod Genedlaethol Cymru, Aberpennar 1946.

Rhan o bryddest Rhydwen Williams ar y testun 'Yr Arloeswr', a enillodd iddo'r Goron yn Eisteddfod Genedlaethol Aberpennar, 1946.

95

Gwybu amoeba'r palfu, llechwraidd bryfocio,
anadl-einioes arloeswr yn goglais ei glai,
a droes ei stwff terfynol, o'i brocio a'i brocio,
yn llun a delw tragyfyth fod. Wedi'r chwythad chwai,
drachtiodd fy chwerthin i'w feddwl ar bererindod,
a chwerwder fy nagrau i'w sobri tu'r ddaear i'r bedd.
Ysbryd, meddwl a chnawd – digywilydd drindod! –
a yrrais i'r rondefw bythol rhwng hunllef a hedd.
Codais y cripil i'w lys o laid yr iselder –
di-wrid o flaen engyl, di-fost o flaen bregus bryf!
Gwisgwyd ei noethni â hugan lân f'aruchelder –
cynddelw duw doeth o sylwedd epaod cryf; –
a'i ado'n denant direidus cread cyfannedd,
cyn pondro a droid duwdod ryw ddydd o'i annedd.

96

97

98

96. Rhydwen yn cael ei goroni yn Eisteddfod Genedlaethol Aberpennar 1946.

97. Rhydwen yn cael ei gyfarch gan y Dywysoges Elisabeth adeg ei goroni yn Eisteddfod Genedlaethol Aberpennar 1946.

98. Coroni Rhydwen yn Eisteddfod Genedlaethol Aberpennar. O dan y llun hwn yn ei albwm lluniau fe ysgrifennodd – 'Llwyddiant o'r diwedd!'

99. Llun a llith fer a ymddangosodd yn *Y Faner*, Awst 1946, wedi i Rhydwen ennill y Goron yn Eisteddfod Aberpennar.

100. Rhydwen yn cael ei goroni yn Eisteddfod Genedlaethol Aberpennar 1946.

100

99

Bardd y Goron

RHYDWEN WILLIAMS

Gweinidog gyda'r Bedyddwyr yn Resolfen. Bu cyn hynny yn gweinidogaethu yn y Porth, Rhondda. Y mae'n 29 mlwydd oed, yn briod gydag un plentyn, a threuliodd flynyddoedd ei faboed yn y Pentre, Rhondda. Y mae'n un o arweinwyr yr ysgol newydd o feirdd Cymraeg

Rhan o feirniadaeth T. J. Morgan ar bryddest Rhydwen Williams ar y testun 'Yr Arloeswr', o *Cyfansoddiadau a Beirniadaethau Eisteddfod Genedlaethol Aberpennar, 1946.*

'Nid oes amheuaeth am ddawn a dychymyg y bardd, os derbynnir ei idiom o draethu; a hyd yn oed os yw'r pwnc yn ormod i'w arddull, y mae rywfodd yn debyg i ymdrech Islwyn yn *Yr Ystorm* yn ceisio cyfleu ei feddyliau am y cread mewn haniaethau a oedd yn ormod i Gymraeg prydyddol ei gyfnod.'

101. T. J. Morgan, un o feirniaid y Goron yn Aberpennar.

101

Rhan o feirniadaeth William Morris ar 'Yr Arloeswr', o *Cyfansoddiadau a Beirniadaethau Eisteddfod Genedlaethol Aberpennar, 1946.*

'Darllenais y gân ddwywaith neu dair cyn cael pen-llinyn arni, ond ar ôl pob darlleniad wedyn cydiai'n dynnach ynof o hyd. Dyma gynnyrch awen ffres.

Daeth llawer o eiriau newydd i mewn i'r gân, newydd i awen Cymru beth bynnag; ac ni welaf yn fy myw sut y medrai'r bardd eu hosgoi wrth roi gwisg am y cymariaethau newydd sydd ganddo.

O ran cyfoeth ei awen a'i feddyliau, *Llef* sydd ar y blaen. Y mae'n deilwng iawn o'r Goron, a phob anrhydedd a berthyn iddi.'

102. William Morris (ar y dde), un o feirniaid y Goron yn Aberpennar.

102

103   104

103. J. M. Edwards, un o feirniaid y Goron yn Eisteddfod Aberpennar.

104. Rhydwen Williams, E. Llwyd Williams ac Emyr Edwards ar faes yr Eisteddfod ym Mhwllheli 1955. E. Llwyd Williams oedd yn beirniadu'r delyneg yn yr Eisteddfod honno.

105. Ysgol Gymraeg Gilfach Fargoed. Yr oedd gan Rhydwen edmygedd mawr o dwf yr ysgolion Cymraeg ym Morgannwg, ac yn arbennig yn y cymoedd. Lluniodd gerdd ar agoriad yr ysgol hon ym 1963.

'Y mae'n gofyn cryn gamp bellach i fynegi mewn ffordd wahanol hanes datblygiad cynnar pwerau byd a bywyd, oherwydd clywsom hyn i gyd lawer gwaith o'r blaen. Credaf mai mwy o gamp yw ei ail-gyfleu yn argyhoeddiadol mewn barddoniaeth newydd, fel y llwyddodd y bardd hwn.

Cafodd y bardd hwn weledigaeth eirias, gyfan o'i destun, a myfyriodd ar y posibilrwydd eithaf a welodd ynddo. Ceir ganddo fywiogrwydd arddull hyderus, ymadroddi cyhyrog iawn, a threiddgarwch meddwl llymach na neb o'i gyd-ymgeiswyr. At hynny, mentrodd. Mae ei gerdd hefyd yn llawn o olion celfyddyd fwriadus, ddi-ddamwain, ac nid rhan anamlwg o'r gamp honno yw ei fynych ddefnydd medrus o gyseinedd.

Oherwydd ei beiddgarwch, ei hymdriniaeth eang, ei mynegiant hyderus a'i chrefft lwyr ragorol, barnwn yn gytûn fod pryddest *Llef* yn ddi-os yn deilwng o'r Goron, a hynny mewn cystadleuaeth bur nodedig.'

Rhan o feirniadaeth J. M. Edwards ar 'Yr Arloeswr', o
Cyfansoddiadau a Beirniadaethau Eisteddfod Genedlaethol Aberpennar, 1946.

105

1.

Hen, hen dir, filltiroedd,
diffaith a'i heniaith yn hesb;
rhy fusgrell i falio'i ganrifoedd.

Hen, hen dir, filltiroedd –
O, rhy dlawd yr ardal hon!
Dloted ymysg cenhedloedd!

Hen, hen dir, filltiroedd –
a'i bobl heb wybod, mwy na'i blant,
wyrthiau ei hanes a'i hen werthoedd.

2.

Nes ar dro i'r henfro hon
o'i charu wisgo'i choron;
yr ysgol waredigol hon.

Rhoi iddi enw i'w arddel,
deffro cymdogaeth a fu mor dawel;
troi sarhad yn grwsâd trwy sêl.

Rhoi urddas dysg a wna'r ysgol
a chymryd ein rhai bychain i'w chôl;
a'i nod hefyd yw ein dyfodol.

'Ysgol Gymraeg Bargoed',
Ys Gwn i a Cherddi Eraill, 1986.

106. Gwilym R. Jones, y bardd a'r newyddiadurwr,
cyfaill mawr i Rhydwen.

'Yr oeddwn wedi symud i'r Gogledd a tharo ar y Dr Huw T. Edwards, a'r Prifeirdd Mathonwy Hughes a Gwilym R. Jones – halen y ddaear! Ni bûm yn hir yn sugno'r gwmnïaeth hon nad oedd yr hen egni a brwdfrydedd wedi eu hailfeddiannu. Dechreuodd y cerddi arllwys ohonof, 'Moduro', Cerddi'r Anifeiliaid, 'Dychwelyd', 'John Mathews', 'Y Milwr', a 'Ffynhonnau'. Gerfydd ei chlustiau y cipiodd honno goron Abertawe (1964).'

O'r Rhagair i'r gyfrol
Y Casgliad Cyflawn, 1941-1991.

107. Coron Eisteddfod Genedlaethol Abertawe 1964.

Rhan o bryddest Rhydwen Williams ar y testun 'Ffynhonnau' a enillodd iddo Goron Eisteddfod Genedlaethol Abertawe a'r Cylch, 1964.

Nid addurn yw ein Cymreictod ond brwydr.
Nid difyrrwch, ond iau ar ein gwarrau.
(Mae'r iau yn drom. Mae'r frwydr heb fwrw-arfau).
Daeth y gegin-gawl i wawdio'n tlodi.
Prynwyd urddas oddi arnom â cheiniogau'r dôl.
Diwreiddiwyd ni wrth y cannoedd. Ailblannwyd ar draws y byd –
Hen wreiddiau diwerth a dyf ar unrhyw domen dan haul.

   – Ma' Morgan wedi cael B.A.
   – Neis 'u gweld nhw'n dod mlân.
   – Ma' Megan wedi cael *headship* yn Stoke.
   – 'Roedd hi'n dda gyta'r plant yn Saron.
   – Ma' Percy yn giwrat yn Stepney.
   – Siwto'r *elite* i'r dim.
   – Ma' Dyfrig yn *male-nurse* yn Uttoxeter.
   – Bydd Tommy Farr gystal bachan â Tom Thomas.
   – Os caiff Jimmy Murphy 'i le gyta West Brom. –

Pwy fydd ar ôl ar y mynyddoedd hyn
I rydu gyda'r gêr a'r olwynion a'r rheiliau,
A heneiddio gyda'r Achos a'r Cymmrodorion a'r Iaith
Fel hen ieir yn crafu eu bywoliaeth yn rwbel y blynyddoedd?

'Gerfydd ei chlustiau y cipiodd honno goron Abertawe (1964); nid oedd ymateb Syr T. H. Parry-Williams yn annisgwyl pan gofiwn ambell sgwrs a beirniadaeth o'i eiddo, mwy nag yr oedd gwamalu W.J. (Y Glog) wrth geisio gwasanaethu dau gyfaill – bu bron i mi ddweud Duw a Mamon! Onid oedd fy myd a'm thema yn ddieithrach i'r ddau na chyfrinachau coginio Tŷ Belsasar!
  'Roeddwn yn fwy na bodlon ar feirniadaeth Eirian Davies, a hefyd

adolygiad Gerallt Jones, tad Huw Ceredig, Dafydd Iwan, ac Alun Ffred, yn *Y Tyst*, a ddywedodd rywbeth go dyngedfennol i mi – 'Mae gan Rhydwen Williams ddawn i sgrifennu nofel ar yr un thema â'i bryddest . . .' – 'doedd dim angen iddo ddweud mwy!'

O'r Rhagair i'r gyfrol
Y Casgliad Cyflawn, 1941-1991.

108. Rhydwen yn ennill ei ail Goron yn Eisteddfod Genedlaethol Abertawe 1964.

108

109

109. Rhydwen yn dod allan o'r pafiliwn yn Eisteddfod Genedlaethol Abertawe, newydd ei goroni.

110. Rhydwen yn cael ei gyflwyno i'r dyrfa y tu allan i'r pafiliwn gan yr Archdderwydd Cynan, yn Eisteddfod Genedlaethol Abertawe 1964. Yn y cefn y mae'r Prifardd William Morris, un o'r beirniaid pan enillodd Rhydwen ei Goron gyntaf yn Eisteddfod Aberpennar ym 1946.

111. Rhydwen, bardd y Goron, gyda Cynan yr Archdderwydd a Bryn Williams, bardd y Gadair, yn Eisteddfod Genedlaethol Abertawe, 1964.

110

111

112

112. Rhydwen yn cydio yn y Goron a enillodd yn Eisteddfod Genedlaethol Abertawe, a'i wraig Margaret yn ei hedmygu.

113

114

113. T. H. Parry-Williams, un o feirniaid y Goron yn Eisteddfod Genedlaethol Abertawe.

Rhan o feirniadaeth T. H. Parry-Williams ar bryddest Rhydwen Williams ar y testun 'Ffynhonnau', o *Cyfansoddiadau a Beirniadaethau Eisteddfod Genedlaethol Frenhinol Cymru, Abertawe a'r Cylch, 1964.*

'Wedi darllen a mwynhau gwaith *Orffews* lawer gwaith, wele ymofyn i ba *genre* y mae'n perthyn. Fframwaith tebyg i gyfansoddiad 'dramatig' sydd yma; gwaith i'w ddarlledu, dyweder, *'for voices'*, canys y mae yma ymdriniaeth ddeialogaidd (iaith lafar) a digonedd o amrywiol 'leisiau'. 'Rwy'n sicr bron y gwnâi'r tro at berfformiad cyhoeddus felly. (Y mae'r gair 'Gwrandewch', sy'n digwydd ar ddechrau amryw adrannau yn dwyn ar gof y defnydd a wnaeth Dylan Thomas o '*Hush*' a '*Listen*' yn ei *Under Milk Wood*.)

Boed hynny fel y bo; er mwynhau cynnig *Orffews* i'r eithaf, a hyd yn oed gau llygaid ar y posibilrwydd nad yw ei greadigaeth lenyddol yn ei chyfanrwydd yn 'bryddest', yr wyf yn amheus iawn a yw wedi 'cadw at y testun', a hwnnw'n un gosod mewn cystadleuaeth, yn ddigon boddhaol.'

114. Eirian Davies, un o feirniaid y Goron yn Eisteddfod Genedlaethol Abertawe.

Rhan o feirniadaeth Eirian Davies ar bryddest Rhydwen Williams ar y testun 'Ffynhonnau', o *Cyfansoddiadau a Beirniadaethau Eisteddfod Genedlaethol Frenhinol Cymru, Abertawe a'r Cylch, 1964.*

'Yn bersonol, caf mai ysbryd Cwm Rhondda yw cymeriad canolog y gerdd, a'r ysbryd hwn sy'n siarad drwyddi – ag eithrio pan fo lleisiau eraill o'r Cwm yn cyniwair o gylch y llais canolog i lanw mwy ar lwyfan y ddrama. Y lleisiau eraill hyn sy'n rhoi blas bywyd pobl gyffredin y Rhondda. I awgrymu tinc y siarad-bob-dydd hwn, mae'r bardd yn gyfrwys-gynnil wedi defnyddio'r hyn a ymddengys yn rhyddiaith noeth. Ond oni phrofodd Synge – ac eraill, gymaint o wir farddoniaeth sy yn siarad 'y werin gyffredin ffraeth'? Y llais canolog sy'n rhoi darlun cyfan y cyfnodau, gan gydio'u doe a'u heddiw a'u hyfory.

Ynghanol y darlun lleolwyd tair ffynnon – bywydau tri o ddewrion y Cwm: 'John Robert Williams, glöwr a bardd: Robert Griffiths, bugail a phregethwr; James Kitchener Davies, athro, gwleidydd a llenor'. Ffynhonnau y bywyd Cymreig oedd y rhain yn dyfrhau'r crastir mewn cyfnod diffaith, a bywyd y tri bellach yn byrlymu trwy blant ysgol Gymraeg yr Ynys Wen.

Mae gorfoledd yn y gerdd – fel petai'r bardd wedi cael testun wrth fodd ei galon. Dihunwyd rhyw angerdd ynddo a llifodd y gân eneidiol allan. Nid oes a wad nad yw *Orffews* yn fardd o'r iawn ryw, a'i awen ar dro yn ein cyffroi yn llwyr. Canodd ei briod gân ei hun, gan weld pethau nid yn gorffen marw ond yn dechrau byw.'

115

Darllenais hi droeon ar ôl hynny, gan geisio dod o hyd i gyfrinach ei gafael ynof. Mae yma rywbeth newydd. Ffresni. Afiaith. Pryfocbeth o bryddest.

Ffynhonnau Llenyddiaeth, Crefydd, a Gwleidyddiaeth yw ei ffynhonnau, a byrlymau iachusol oeddynt yn noe Cwm Rhondda. Cyn diwedd ei bryddest dargenfydd y prydydd afieithus hwn, fwrlwm gobeithiol yr Ysgol Gymraeg yn y tir diwydiannol.'

116. Geraint Lloyd Owen, bardd y Gadair, yn Eisteddfod Genedlaethol Urdd Gobaith Cymru, Porthmadog 1964, yn cael ei longyfarch ar ôl y cadeirio gan y Prifardd Rhydwen Williams (ar y dde).

116

115. W. J. Gruffydd (Elerydd), un o feirniaid y Goron yn Eisteddfod Genedlaethol Abertawe.

Rhan o feirniadaeth W. J. Gruffydd (Elerydd), ar bryddest Rhydwen Williams ar y testun 'Ffynhonnau', o *Cyfansoddiadau a Beirniadaethau Eisteddfod Genedlaethol Frenhinol Cymru, Abertawe a'r Cylch, 1964.*

'Ar ôl darlleniad cyntaf mi deimlais i yn bersonol fod yna ryw arwahanrwydd nobl yng ngherdd *Orffews*.

Barddoniaeth Rhydwen Williams, 1965.

'Ni olyga uniongyrchedd mynegiant y bardd hwn fod yna ddiffyg dyfnder yn ei ganu. Mae'r dyfnder yn y dewis a'r driniaeth o thema ac y mae meddwl grymus ar waith, nid yn unig yn 'Yr Arloeswr' ond hefyd yn rhai o'r cerddi byrion hwythau. Ymhlith y rhain y mae'r cerddi coffa i Kitchener Davies a Dylan Thomas yn hudolus iawn. Gem o gân sydd ganddo i R. Williams Parry.'

Dyfnallt Morgan.

'Mae arddull Rhydwen yn un aflonydd a sbonciog, ac y mae'r elfen gellweirus yn ei awen ar ei gorau yn ei gerddi i anifeiliaid. A gall ef fynegi ei gellwair gyda winc yn ei lygad ond â min ar ei arf. Mae camp arbennig o Rydwennaidd ar y caneuon.'

J. M. Edwards.

117. J. M. Edwards.

118. Dyfnallt Morgan.

119. Gwyn Thomas yn trafod y gyfrol *Y Ffynhonnau a Cherddi Eraill* gan Rhydwen Williams, yn y *Western Mail*, Awst 8, 1970.

117

118

119

Rhydwen Williams and Glynne Davies are different from Euros Bowen. With them there is no intellectualising and no theorising; both are unselfconscious poets. When you read in *Ffynhonnau* of the illuminated streets at Christmastime being like "the inside of a child's mind" you know that here is a natural poet at work.

Rhydwen Williams is at his best in his *vers libre* where his style is colloquial in spite of the persistent Biblical undertone. This undertone gives his best poetry a reverberative richness. In his least successful poems it becomes a lush flabbiness.

120. David Lloyd, y tenor.

Gyfaill, o'th lencyndod dewinol i'th ganol oed dewr,
   sefaist ar binacl yn ddelw o berffeithrwydd i ni;
   hyd y diwedd, 'roedd y genedl yn gynnwrf i gyd
   dim ond dy enwi;
   yr artist . . . y bonheddwr . . . y dyn –
   digon agos inni fesur â'n safonau plwyfol,
   ond yr athrylith (nad oedd ei dynwared)
   yn ddigon pell – rhyw ogoniant na ddeuai henaint i'w ran.
   Ac felly, y dasg o farw wedi'i chyflawni bellach,
   atgofion amdanat fel gwenyn ym mlodau dy fedd,
   cei fod yn llanc unwaith eto ar ei ffordd i Dreffynnon neu
                        Drelawnyd,
   ac ni wêl neb frycheuyn na chrychni mwy;
   ac er na fydd hanes i ti yn ein mysg o hyn allan,
   cei fod yn chwedl newydd-sbon i'r oesoedd a ddêl;
   chwedl am Sir y Fflint . . . am Gymru . . . a'r enaid dynol;
   am gân na fedrem ei fforddio, nad oeddem yn ei haeddu
                        ychwaith.

          Rhan o'r gerdd, 'David Lloyd', *Y Casgliad Cyflawn, 1941-1991*.

'Safai'n fain a thal a thywyll, pen o wallt du, llygaid byw, gwên o
wyleidd-dra mawr yn goleuo'i wyneb, a'r nodau mwyaf hudolus yn
dod o'i enau nes i bawb deimlo na wybu'r llais dynol y fath
berffeithrwydd erioed o'r blaen. David Lloyd oedd ei enw.
Ymhyfrydodd fy nghenhedlaeth i yn ei ddawn a'i ddiddanwch pan
oedd y bomiau'n disgyn a'r byd ar dân. Ymserchodd yr ifanc y pryd
hwnnw yn y llanc o Drelogan fel y mae'r genhedlaeth bresennol yn
gwirioni ar ei harwyr disgo.'

          Disgrifiad o apêl David Lloyd, y tenor Cymraeg,
          i Rhydwen a'i gyfoedion ifanc adeg yr Ail Ryfel Byd.
                                    Gorwelion.

120

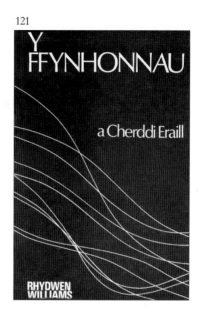

121

'Un bryddest arbennig – ymatebais iddi fel dyn yn dod ar draws ffynnon yn yr
anialwch – a hoeliodd fy sylw y pryd hwn oedd cerdd wych Dyfnallt Morgan,
'Y Llen', adeg Eisteddfod Genedlaethol Y Rhyl. Gwrthodwyd y goron iddi, fel yn
achos pryddest Caradog Prichard yn Ninbych – anodd oedd peidio ag anobeithio
am werth cystadleuaeth eisteddfodol!'

O'r Rhagair i'r gyfrol
Y Casgliad Cyflawn, 1941-1991.

Yn nheyrnas diniweidrwydd
  Mae'r sêr yn fythol syn;
Mae miwsig yn yr awel,
  A bro tu hwnt i'r bryn.
Yn nheyrnas diniweidrwydd,
  Mae'r nef yn un â'r rhos;
Mawreddog ydyw'r mynydd,
  A sanctaidd ydyw'r nos.

Yn nheyrnas diniweidrwydd,
  Mae rhywbeth gwych ar droed;
Bugeiliaid ac angylion
  A ddaw i gadw oed.
Mae dyn o hyd yn Eden,
  A'i fyd, diofid yw;
Mae'r preseb yno'n allor,
  A'r Baban yno'n dduw.

Yn nheyrnas diniweidrwydd,
  Mae pawb o'r un un ach;
Pob bychan fel pe'n frenin,
  Pob brenin fel un bach.

Mae'r ych a'r ebol-asyn,
  Y syml a'r doeth yn un;
A'r thus a'r myrr a'r hatling
  Heb arwydd p'un yw p'un.

Yn nheyrnas diniweidrwydd,
  Mae pibydd i bob perth;
Ac nid oes eisiau yno,
  Am nad oes dim ar werth.
Mae'r drysau i gyd ar agor,
  A'r aur i gyd yn rhydd;
Mae perlau ym mhob cragen,
  A gwyrthiau ym mhob gwŷdd.

Yn nheyrnas diniweidrwydd,
  Mae'r llew yn llyfu'r oen;
Ni pherchir neb am linach,
  Na'i grogi am liw ei groen.
Mae popeth gwir yn glodwiw,
  A phopeth gwiw yn wir;
Gogoniant Duw yw'r awyr,
  Tangnefedd dyn yw'r tir.

Yn nheyrnas diniweidrwydd –
  Gwyn fyd pob plentyn bach
Sy'n berchen llygaid llawen
  A phâr o fochau iach!
Yn nheyrnas diniweidrwydd –
  Gwae hwnnw, wrth y pyrth;
Rhy hen i brofi'r syndod,
  Rhy gall i weld y wyrth!

'Yn Nheyrnas Diniweidrwydd',
Y Ffynhonnau a Cherddi Eraill, 1970.

121. *Y Ffynhonnau a Cherddi Eraill*, 1970.

122. Y Parchedig Lewis Valentine.

Ei Ffydd a roes iddo ryddid –
   y rhyddid a geisiai i'w genedl yn awr;
y rhyddid a roed yn ôl – llw mwya'i fywyd! –
   doniau'i ddysg i'r gadwyn ddur!
A disgwyliodd wrth eraill am ei geiniog a'i gysur!
'Roedd yr arbenigrwydd i gyd yn ei Grist.

Ond bydd proffwyd yn fwy na'i argyfwng.
   (Atgof yw Penyberth, ond y mae'r tân
yn Llŷn yn llosgi trwy Gymru erbyn hyn:
   bydd gwawr y nos honno dros byth . . .)
Gorchfygodd ei elynion trwy fod yn ostyngedig,
a rhoddodd daw ar ei feirniaid trwy fod yn fud.

                         'Y Gweinidog
     (*I longyfarch y Parchedig Lewis Valentine, M.A.*)',
                   Y Chwyldro Gwyrdd, 1972.

Pe bai wedi marw ynghynt (nid ar chware bach
   y llwyddodd yr Angau i'w lorio),
buasai'r diwydiannau i gyd ar stop, siopau ar gau,
   a'r baneri'n isel ar bob twr.
Ond – hen ŵr yn mynd adra ydoedd, hen chwarelwr
   yn mynd adra o'i waith o'r golwg am byth;
hen baffiwr a'r ornest ola' drosodd
   yn codi'i law a mynd allan o'r ring;
arweinydd cenedl yn cael ei dywys
   dros filltir ola'i bererindod,
a'r dyneiddiaf ohonom yn diosg ei glogyn o gnawd
   a dianc dros y gorwel yn 'enaid' noeth.

Bu'r 'enaid' hwnnw'n gartrefol iawn yn hyn o gnawd . . .

                  'Huw T.', *Y Chwyldro Gwyrdd*.

123. Huw T. Edwards, un o gyfeillion mawr Rhydwen a chefnogwr brwd iddo ym mhob argyfwng.

124. Gwenallt.

'Yn ôl yng Nghwm Rhondda y deuthum yn gyfarwydd â barddoniaeth Gwenallt hefyd a gweld cydwybod y bardd fel cenedlaetholwr a Christion yn gyfrifol am fyrdwn a phatrwm y gerdd: fel ei soned, 'Y Gwaredwr' . . . 'Roedd sigl a rhythmau'r gerdd hon yn fiwsig arbennig i mi, a'i geirfa yr union fynegiant yr hiraethwn amdano; dyma ddweud yr union math o bethau y carwn innau ddweud, a dweud yn yr union fodd y carwn innau fabwysiadu; a dychwelais o Gwm Rhondda [i Gaer] fel un wedi'i ddarganfod ei hun am y tro cyntaf.'

Gorwelion.

124

125

125. Dylan Thomas.

Mawreddog dros y gorwel i'r gwyll fel llong y'th ollyngwyd
    A'r moroedd tu hwnt i amser amdanat yn ymdonni;
Dy ddeugeinmlwydd aeddfed, ysblennydd tua'r harbwr a hebryngwyd
    A gwanwyn ac enfys yn chwifio ar dy holl hwylbrenni.
Dy gymysg griw – duwiau, hen ferched, môr-ladron
    A dynion yn rhaffu bywyd wrth yr asgwrn a'i nerfau!
'Roedd Angau ar bwyntil dy gwmpawd a'r sêr fel sgwadron
    Yn sbïo i lawr ar dymestl dy frawddegau a'th ferfau.
Do, cawsom gip ar dy gargo; dy sidanau a'th emraldau a'th emau;
    A sipian y gwin a feddwodd yn gaib dy awen.
O, aeth bywyd i'th ben, aeth ei wres i'th barabl a'th batrymau;
    Ni sobrir iaith byth mwy, ond y mae llên yn llawen.
Ffarwél! Y mae Amser a'r Môr a'r Nos yn aros i ni,
Ond y mae llwybr newydd i'r wybrennau ar draws y lli.

'Dylan Thomas (1914–1953)',
Y Casgliad Cyflawn, 1941-1991.

126. R. Williams Parry.

Disgwyliasom ei gerdd fel cenedl newynog yn disgwyl am fanna o'r nef,
Gwnaethom galendr i'n llên allan o'i awdl a'i englyn a'i gân;

Ninnau'n ddedwydd pan oedd ei
    delyn yn fud, hyd yn oed,
Am fod ei fodolaeth yn falm a'i
    enw'n ddigon i ni.
Misoedd a blynyddoedd heb linell,
    ond yr oedd ar gael –
Y trwbadŵr a'r breuddwydiwr a
    bardd y beirdd:
Ac unrhyw foment gallasai'r
    gawod ddisgyn –
Disgyn i ireiddio'n prydyddiaeth
    ac anfarwoli'n hiaith.
Dysgodd gamp ein gorffennol,
    cyfrinach ein canrifoedd coeth;
Achubodd ein presennol rhag
    pydredd, a'n dyfodol rhag loes,
Rhwydodd holl hafau'r cread yn
    un haf, nes tybio ohonom
Nad person mohono mwy ond
    byd.

'Robert Williams Parry',
Y Casgliad Cyflawn, 1941-1991.

126

127. Kate Roberts.

Y wraig deg yn ei chegin . . .
   ei hwyneb yn sglein y bwrdd,
aelwyd hardd fel sawr blodau,
a chwa'r teneuwynt ar ei chyrtenni!

Daw stori o'r distawrwydd . . .
   iasau a gwyd o ofidiau Rhosgadfan,
cronicl sarhad a brad bro,
archwiliad sen ei chenedl;
dyfalu y mae dynghedau fel mam
yn rhythu ar gancr ei chroth ei hun.

Nid i'r dof y mae'r nofel
   na'r anonest chwaith ei rhyddiaith hi;
dan ein meidrol dalp, mae'r sgalpel
yn arddio'n heuogrwydd, ac yn cyffwrdd â nerf.

Rhyw Deresa daer ydyw . . .
   goleuo hofel y gwahanglwyfus,
gweini doluriau'r genedl hon;
hi a fyn obaith i'n hiaith ar fin y bedd.

Y mae ei gwerth a'i phrydferthwch
yn gannaid oleuni i genedl dlawd.

'Kate Roberts', *Dei Gratia*, 1984.

128. Ysgol Gymraeg Llyn y Forwyn, Y Rhondda Fach.

127

128

129

Llyn y Forwyn
(Ar agoriad Ysgol Gynradd Gymraeg
Llyn y Forwyn yn y Rhondda Fach)

Wele yma adeilad — a godwyd
I gadw'n mamwlad
Heniaith bro ar waetha' brad
A'i dolw hi rhag dilead.

Lle bu pair, lle bu peiriant — histori
Gwaltwarus diwydiant;
Wedir groyw, caer diwylliant —
Pa le amgenach i'n plant?

Rhydwen Williams

129. Englynion Rhydwen a luniodd ar achlysur agor Ysgol Gymraeg Llyn y Forwyn, Ferndale, Y Rhondda Fach, ym 1986.

130. Rhydwen ymhlith plant Ysgol Gymraeg Llyn y Forwyn, Ferndale, adeg agor yr ysgol a chyflwyno'i englynion ar gyfer y dathlu ym 1986.

130

Y genedl yn ei lygaid
   yn drech na phob rhyw drais,
a Chymru'n gwisgo'i choron
   yn hyfryd yn ei lais;
rhoes i wyleidd-dra gwerin dlawd
ryw urddas newydd drwy ei rawd.

O linach hir fforddolion
   twymgalon yr hen gwm,
'roedd osgo tywysogion
   i 'sgwyddau'r llencyn llwm;
croesawodd cyfandiroedd byd
athrylith hwn yn wên i gyd.

'Yr Actor' (i gysuro Sis),
Ys Gwn i a Cherddi Eraill, 1986.

131. Richard Burton. Yr oedd Rhydwen yn edmygydd mawr o Burton ac yr oedd wedi paratoi cyfrol yn Saesneg yn ei ddyddiau olaf am fywyd yr actor hwnnw gyda'r bwriad o'i chyhoeddi.

132. Nelson Mandela.

   Ond be' fedrwn ni ei wneud drosot, ni Gymry diofidiau,
na feddwn y fath sêl dros linach na thraddodiad na dim,
dim ond hwrli-bwrli'r bêl hirgron, yr unig ddewrder a wyddom?
Nelson Mandela, maddau i ni am ddifyrru'r gweilch a'th gondemniodd gyhyd!

'Cusan (*Ar ôl darllen llythyrau Nelson Mandela y diwrnod y dychwelodd tîm rygbi o Gymry o Dde Affrig.*)', *Ys Gwn i a Cherddi Eraill*.

133. Cerdd Rhydwen, yn ei ysgrifen ei hun, i'r Forwyn Fair.

131

132

133

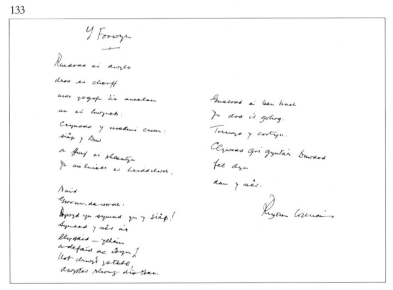

134

135

135. Gwenlyn Parry.

134. Rhydderch Jones.

Y weddw ddawn – fel telyn hardd ddrylliedig,
Sy' fel pe'n disgwyl, disgwyl dod ei hawr
I dynnu'r alaw wiw o'r hwyl a'r chwerthin
A'r geiriau tân o ludw'r golled fawr.

'Cofio Rhydderch' (a gyfansoddwyd ar gyfer angladd
Rhydderch Jones yn Aberllefenni), *A'r Mwyaf o'r Rhai Hyn*, 1990.

Ti, toddaist ein clai'n ddifyr barabl y byw;
  ein llafar a'n sefyllfa
  mewn dialog mor gadarn â meini Eidalaidd;
  rhyw weithred a aeth yn aruthredd
  amser a lle fel Aristoteles
  â rhin ein hen, hen eiriau;
  dylifo dros oleuadau dy lwyfan
  olud a chwedl hen genedl gul.

'Gwenlyn',
A'r Mwyaf o'r Rhai Hyn, 1990.

136

136. Llun o blant Ysgol Gymraeg Ynys-wen, Y Rhondda, o flaen adeilad yr ysgol wreiddiol. Cynhwyswyd yr ysgol hon ym mhryddest Rhydwen 'Ffynhonnau', fel un o gadarnleoedd dyfodol yr iaith Gymraeg yng Nghwm Rhondda.

137. Rhan o bryddest Rhydwen i'r 'Ffynhonnau' a gynhwyswyd yn llyfryn dathlu deugain mlynedd cyntaf Ysgol Gymraeg Ynys-wen, Y Rhondda, ym 1990.

137

Gwrandewch.
Mae gorfoledd dyfroedd yn fy nghlustiau heno.
Yr Ynys-wen, Ynysfeio, yr Ynys-hir.
Yr holl ffordd i Eglwysilan.
A'r ffynnon wylaidd ar Ben Rhys,
Mor hardd â gem ar ddwyfron,
Yn dal i foli Mair.
Mae'r Ffynhonnau'n fyw.

RHYDWEN WILLIAMS

138. Kitchener Davies.

Kitch
('Heddiw, y mae Cymru yn dlawd iawn wedi colli un a'i carodd yn rhy dda.' – Dr Kate Roberts, yn *Y Faner*.)

Mae 'na gariad i'w gael
  Nad yw'n ddigonol,
Onid yw, doed a ddelo,
  Yn gariad gormodol.

Cariad mwy creulon
  Na phoen a phangau,
Sy'n dechrau'n angerdd
  A diweddu'n angau.

O, felly ceraist
  A'n dysgu ni
I garu'n wirion
  'Run pethau â thi.

Caru llên a thraddod,
  Meddwl a moes,
A gwneuthur ohonynt
  Ein credo a'n croes.

Caru'n hiaith a'n cenedl,
  Eu brwydr a'u bri;
Am fod hynny'n gyfystyr
  Â'th garu di.

Caru bro a'i pharabl,
  Y gwŷr a'r gwragedd,
Am mai hwn oedd rhamant
  Dy 'Feini Gwagedd'.

Caru 'Cwm Glo'
  Lle bu'r rhithiau'n rhythu;
Caru'r Gors lle bu 'sŵn
  Y gwynt sydd yn chwythu'.

Caru nes ceisio
  Rhin anfeidroldeb
I'th ddenu'n ôl heno
  O dragwyddoldeb.

A chrefu hefyd,
  Er mwyn ein dydd,
Y clasuron o'r clai
  A'r breuddwydion o'r pridd.

Y Casgliad Cyflawn, 1941-1991.

139. R. M. Jones.

'Ond gyda Rhydwen, yn ei lordian hi'n ansoddeiriol chwil ar draws deciau'r awen, fe ddylid clywed y caneuon yn datsain yn gyson ar draws ein tir ymhell ar ôl stop-tap canol oed. Dyna natur ddiymatal llawer o'i awen: sioncrwydd hyrddiol y mwynhawr beunyddiol, rhyddid y chwarddwr gyddfol, ymarfer corfforol y codwr pwysau prydyddol. Nid yw'n naturiol i un fel hwn y mae ei ddychymyg yn gallu bod mor afradlon o fyrlymog ac mor ogleisiol o weledol wasgu allan bast dannedd tenau ei awen ar ddudalennau mor gynnil. Ond dyna fu Rhydwen am gyfnod rhy hir – fforest drofannol mewn pot blodau.'

R. M. Jones, *Llenyddiaeth Gymraeg 1936-1972*,
Gwasg Christopher Davies, 1975.

138

139

140

141

140. Alan Llwyd.

'Esgeuluswyd Rhydwen Williams fel bardd gennym. Ni chymerwyd mono o ddifri gan y 'sefydliad' llenyddol. Ystyrid ef yn ddiletánt, yn rebel llenyddol, yn wamalwr na ddylid ei gymryd ormod o ddifri, yn rhigymwr dychanol.'

Alan Llwyd, *Barddoniaeth y Chwedegau*, Cyhoeddiadau Barddas, 1986.

142

'Mae dewis ffurf naratif mewn cerdd neu nofel yn rhoi cyfrifoldeb ar y bardd neu'r llenor i argyhoeddi; yr oedd yr ysfa greadigol yn berwi fel crochan cythreuliaid bellach, holl epig y cymoedd yn aros imi ei groniclo. Mentrais roi heibio swydd pan fu Meic Stephens (Cyngor y Celfyddydau) yn ddigon caredig i'm cefnogi â nawdd, a hynny fwy nag unwaith. Trefnodd i mi fynd i Ddulyn i gwrdd â'r Gwyddelod ac ar y cyfandir i gymysgu gyda'r Sbaenwyr, Hwngariaid, Eidalwyr, Arabiaid, Almaenwyr, Ffrancod, Americaniaid; a darllen fy ngherddi iddynt – 'roedd ganddo'i feirniaid, medrai fod yn unplyg, ond gwnaeth gyfraniad arbennig fel cyfarwyddwr.'

O'r Rhagair i'r gyfrol
Y Casgliad Cyflawn, 1941-1991.

141. Meic Stephens.

142. Rhydwen.

RHYDWEN Y BEIRNIAD.

Dilyniant o Gerddi; Y Rhod.

'Ni thybiwn fod gan yr un ymgeisydd le i achwyn am y testun y tro hwn. Mae digon o hyd, lled, uchder, a dyfnder i'r 'Rhod', 'does bosib, i ddychymyg a doniau unrhyw fardd go iawn fanteisio arnynt. Dewis myfyrio ar gylchdro amser a wnaeth pawb, cwrs yr einioes ddynol o'r crud i'r bedd, gadael yr hen fwthyn a'r hen fro a mentro allan i'r byd mawr, a gweld 'y rhod fu gynt yn rhygnu/ac yn chwyrnu drwy y fro' a welwyd gan Crwys gynt, heb i neb ei gweld yn agos mor gofiadwy, gwaetha'r modd. Mae'n wir y mentra rhai i fyd crefydd a choel, ac ambell un fel dringwr bach dibrofiad yn taclo'r garnedd athronyddol yn ei sandalau, fel petae, a hynny heb fod yn rhy siŵr o'r hyn a wna; mentro'n chwyslyd a llafurus ddigon, heb ychwaith yr hyder hwnnw i roi cynnig ar y cribau cyffrous, hyd yn oed pan dybia'r bardd mai 'olwyn rwlét yw bywyd yn troelli yng nghasino'r byd'.'

Beirniadaeth Rhydwen Williams ar y Dilyniant o Gerddi,
*Cyfansoddiadau a Beirniadaethau Eisteddfod Genedlaethol
Abertawe a'r Cylch, 1982.*

Cerdd mewn Tafodiaith.

'Gofynna'r gystadleuaeth am 'gerdd' mewn tafodiaith, ac fe gafwyd yn union hynny bron yn ddieithriad. Os oes amheuaeth ar dro, fe all mai 'tafodiaith' y gerdd sy'n cyfrif am hynny. Fe ddywedir ei bod yn arferiad ym mharlyrau'r meirwon yn yr Amerig i roi dipyn o liw ar fochau a rhyw olau i lygaid er mwyn rhoi'r argraff fod y marw yn llawn bywyd o hyd. Nid peth *fel'na* mo tafodiaith, ac nid oes gyfnewid am y gwrid a ddyry'r awyr iach ar ruddiau.

Mae acenion dieithr wedi rhoi dyrnod ar ôl dyrnod gan adael eu hôl ar y Gymraeg bellach. Achwynodd un beirniad unwaith fod iaith theatr Lloegr yn ei atgoffa o eiriau yn tasgu oddi ar deipiadur ac nid yn dawnsio oddi ar dafod. Y gair yn gwisgo cnawd yw tafodiaith, meddai, ac nid mewn geiriadur y'i ceir ond ar wefusau'r werin. Nid oes angen argyhoeddi neb o hyn sy'n gyfarwydd â gweithiau beirdd a llenorion fel Tegla, Kate Roberts, Gwilym R. Jones, John Gwilym Jones, Alan Llwyd a Donald Evans.

Dywedodd Gwallter Mechain yn ei ragymadrodd i Ramadeg Tegid – 'Bydd y llyfr hwn yn safon i ysgrifenwyr a siaradwyr yr iaith Gymraeg tra y bydd yr iaith lafar yn Nhrawsfynydd ac Ystradyfodwg'. Bu tafodiaith fendigedig yn perthyn i'r ddau le, ond ni lwyddodd i achub temigyn ar gyfer y gystadleuaeth hon, gwaetha'r modd. A phan gofiwn am ambell fflach o ffraethineb a berthyn i dafodiaith Ystradyfodwg yn arbennig, synhwyrwn gymaint y golled. 'Clebran fel Rachel Dafis' – 'mor benddwys â chlagwydd' – 'mytryw aur ar ben pob bys' – ond yr oedd llond cae o geffylau ar fferm Tynycymer a phedwar plwyf nid pedair gwlad yn ymgymysgu ar y tir pan siaredid Cymraeg fel'na!'

Beirniadaeth Rhydwen Williams ar y Gerdd mewn Tafodiaith ar y
testun 'Ar Werth', o *Cyfansoddiadau a Beirniadaethau Eisteddfod
Genedlaethol Llanbedr Pont Steffan a'r Fro, 1984.*

Pedwarawd.

'Pererindod personol Rhydwen Williams drwy fywyd a geir yn *Pedwarawd.* Mae'r gerdd fel cyfanwaith yn symud o anobaith a thywyllwch 'Senghenydd' at obaith a goleuni 'Pwll y Tŵr'. Symuda hefyd oddi wrth fyd dibwrpas-ddioddefus Senghenydd at y sylweddoliad fod i ddioddefaint ran a phwrpas mewn bywyd. Mae'n rhaid dioddef dros gredoau, a dioddef i gyrraedd tangnefedd:

> . . . cariad sy'n derbyn croes,
> dioddefaint sy'n fraint hyfryd,
> a'r duw yntau sy'n derbyn ei ddistrywio
> am y gŵyr mai ei gariad
> yw maen a chonglfaen hyn o fyd.

Symuda hefyd oddi wrth y syniad o amser y difäwr at amser y goleuwr, ac oddi wrth ansefydlogrwydd ac ansicrwydd symudiadol y byd hwn o amser at sefydlogrwydd a sicrwydd ffydd. Croniclodd ei bererindod personol yn y gerdd, a hon, yn sicr, yw ei gerdd hir orau, a'i waith mwyaf sylweddol fel bardd.'

> *Y Grefft o Greu*, gan Alan Llwyd, Cyhoeddiadau Barddas, 1997.

143. Clawr y gyfrol *Pedwarawd.*

'Beth bynnag yw ansawdd ac arwyddocâd y gyfrol hon, darn o fywyd a gafodd ddihangfa yw'r cerddi, cynnyrch y Gymraeg a grafangwyd gerfydd ei chlustiau oddi ar dipiau Cwm Rhondda, mor daer ag y casglodd tadau a mamau De Cymru gnapiau yn eu sachau a'u ffedogau i gadw tân yn y grât a gwres ar yr aelwyd.'

> O'r Rhagair i'r gyfrol *Y Casgliad Cyflawn, 1941-1991.*

144. Clawr y gyfrol *Gorwelion.*

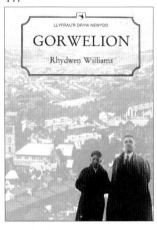

145. Llun a ymddangosodd ar gefn siaced lwch y gyfrol *Barddoniaeth Rhydwen Williams: Y Casgliad Cyflawn, 1941-1991.* Tynnwyd y llun gan gyfaill i'r bardd, sef, Philip Jones Griffiths, Efrog Newydd.

146. Achlysur dathlu cyhoeddi'r gyfrol *Barddoniaeth Rhydwen Williams: Y Casgliad Cyflawn, 1941-1991.* Comisiynwyd John Owen fel cynhyrchydd, ynghyd â grŵp o blant Ysgol Gyfun Gymraeg Rhydfelen, i gyflwyno rhaglen o ddarlleniadau o gerddi o'r gyfrol yng Ngwesty Tŷ Newydd, Hirwaun, ym 1991. Yng nghanol y grŵp y mae Rhydwen a'i wraig Margaret.

146. Y bardd a'r artistiaid ifanc.

7. Dramodydd ac Actor

YR ACTOR BACH.

'Ond erbyn y tridegau, nid oedd gwaith mor hawdd i'w gael yn y pyllau, a'r arian yn brinnach. Er hynny, cawsai Rhydwen flas ar actio, a phan nad oedd dim arall i'w wneud, byddai ef a'i deulu, a hyd yn oed plant y stryd i gyd, yn ymgasglu i actio pregethu ar ben y grisiau.'

O Gyfrol 3, *Portreadau'r Faner*.

147. Rhydwen (yn sefyll yn y rhes gefn ar y chwith) y bachgen gyda'i ffrindiau.

'Digwyddodd fy nhad glywed ar ei rownd casglu siwrin, fy mod i'm gweld yn gyson yn Theatr y Royalty [Caer]. Ni fedrwn ac ni ddymunwn wadu hynny, oherwydd un o'r pethau hyfrytaf a ddigwyddodd yn ystod fy llencyndod yn y ddinas oedd y cwmni o actorion proffesiynol a ddaeth i'r Royalty am dymor hir, y Fortescue Players . . . Trwy'r Fortescue Players y deuthum ar draws dramâu Bernard Shaw am y tro cyntaf, a dramâu enwog eraill fel *I Have Been Here Before*, a *Time and the Conways* Priestley a champweithiau Ibsen a Chekhov. Ni fedrwn fforddio ond sedd chwe cheiniog yn yr entrychion, ond eisteddwn yno wedi ymgolli yn y geiriau a'r symudiadau, yn cael agoriad llygad ar fyd newydd a chyfareddol, gan sylweddoli ar yr eiliad fod cysylltiad pendant rhwng yr hyn a deimlwn am y pulpud lle yr oedd fy uchelgais a'r hyn a welwn yn awr yn y theatr. 'Roedd yr hyn a welswn gewri'r pulpud yn ei wneud yn fy nharo fel yr union beth a hoeliai fy sylw yn awr yng nghelfyddyd Gordon Bell a'i gyd-actorion, ac er nad oedd gennyf unrhyw awydd i droi cefn ar y bwriad gwreiddiol, yr oedd gennyf awydd mawr iawn i sefyll ar lwyfan a dal cynulleidfa ar gledr fy llaw.'

Gorwelion.

147

148a. Theatr y Royalty, Caer, lle byddai Rhydwen yn mynd i weld dramâu, ac yn edmygu dawn yr actorion yn ystod ei gyfnod yn byw yn Hoole, gerllaw.

148a

'Cafodd gyfle hefyd ym Mangor i ymuno â'r Gymdeithas Ddrama ac i chwarae yn *Arms and the Man*. Ond yn bwysicach fyth, dyma hefyd y cyfnod iddo fentro am y tro cyntaf i fyd radio. Ac yn rhyfedd ddigon, ar hap, yng nghwmni R. Williams Parry y digwyddodd hynny. Ymunodd Cynan â hwy un diwrnod ac yn ystod y sgwrs, dywedodd ei fod i gynhyrchu y ddrama *Hywel Harris* ar y radio ond ei fod yn cael trafferth i ddod o hyd i rywun addas i chwarae Harris. Awgrymodd Williams Parry mai Rhydwen Williams oedd yr ateb a dyna daro'r hoelen yn y fan a'r lle.'

O Gyfrol 3, *Portreadau'r Faner*.

148b. Rhydwen yn actio yn y ddrama *Arms and the Man* (George Bernard Shaw), pan oedd yn fyfyriwr ym Mhrifysgol Bangor ym 1940. Rhydwen yw'r ail o'r dde.

148b

'Yr un oedd ei ddiddordebau yn ei oriau hamdden pan symudodd i Bont-lliw, Abertawe. Ffurfiodd gwmni drama yno ac ysgrifennodd ddramâu yn ogystal a bu'n cymdeithasu llawer gydag Eic Davies a Siân Phillips. Gwahoddwyd ef hefyd gan Gymrodorion Tre-boeth i roi darlleniadau o waith Daniel Owen. Cafodd y fath dderbyniad nes iddo benderfynu gwisgo fel Daniel Owen a mynd o gwmpas y wlad a gwneud hynny am gyfnod o chwe blynedd 'O'r Albert Hall i Neuadd Goffa Mynytho.' Yn ddiamau, mae'n feistr ar y math yma ar gyflwyno.'

O Gyfrol 3, *Portreadau'r Faner*.

149. Eic Davies.

149

150

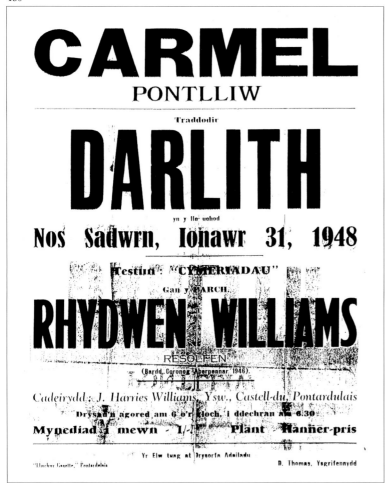

150. Hysbyseb am ddarlith gan Rhydwen Williams ar y testun 'Cymeriadau', i'w thraddodi ym Mhont-lliw ym 1948. Yn hytrach na darlith, perfformiodd Rhydwen, mewn gwisg gyfnod, ddarnau o waith Daniel Owen.

CYNULLEIDFA.

'Meddyliodd: Mi fyddai'n eithaf peth i ddweud wrth hwn fy mod wedi rhoi cryn ystyriaeth i'r 'gynulleidfa'. Fy mod yn gwybod mwy am y 'gynulleidfa' nag ef, pe bai'n dod at hynny. Y gynulleidfa yng Ngroeg pan oedd Aristoffanes yn rhoi ei ADAR ar y llwyfan am y tro cyntaf neu Euripedes yn cyflwyno MEDEA a phob tudalen o'i femrwn yn newydd-sbon. Yr hen gynulleidfaoedd cynnar hynny a welodd doriad-gwawr celfyddyd, mor frwd bob mymryn dros geinder ymadrodd a pherfformiad ag yw'r dyrfa dwp yn yr Arms Park yn gwylio gêm o rygbi fel pe bai'r peth yn bwysig. Nid oedd yr hen theatr yng Ngroeg yn ofni bod yn ddramatig, wrth gwrs. Dyna oedd pwrpas theatr. 'Roedd y 'gynulleidfa' yn dihuno i gyd wrth weld ambell i actor yn cael hwyl ar ei waith. Nid gwaith anodd oedd tanio'r bobl y pryd hwnnw wrth wylio actio synhwyrus mwy nag y bydd dynion yn cael eu berwi mewn munud wrth weld dau neu dri yn taflu'r bêl o gwmpas. Yr un nodweddion sydd i gynulleidfa mewn capel – os myn dyn fanteisio ar hynny.'

O'r nofel, *Adar y Gwanwyn*, gan Rhydwen Williams, Gwasg Christopher Davies, 1972.

151

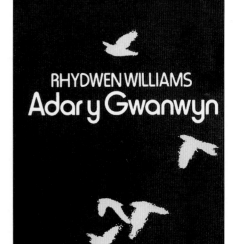

151. Clawr y gyfrol *Adar y Gwanwyn*.

152

152. Rhaglen perfformiad Rhydwen fel
Daniel Owen, yn Neuadd yr Ysgol, Crymych,
nos Fercher, Rhagfyr 28, 1966.

CYMDEITHAS CYN-DDISGYBLION Y PRESELI

DARLLENIADAU O WAITH

DANIEL OWEN

GAN

RHYDWEN WILLIAMS

NEUADD YR YSGOL, CRYMYCH

Nos Fercher, Rhagfyr 28ain, 1966

Drysau'n agored am 7 i ddechrau am 7-30

— — —

MYNEDIAD DRWY RAGLEN 3/-; PLANT 1/6

———

Cadeirydd Mr. W. R. JONES

Y DARLLENIADAU

Tywyllir yr adeilad. Yna, daw golau egwan yn cryfhau, ac
yn hwn — os y cawn eich cydymdeimlad caredig a'ch sylw
a'ch dychymyg — ceisiwn eich helpu i weld . . .

RHAN 1.

Atgofion cynnar — Evan Jones yr Hwsmon — Yr Ysgol
Sabothol — Y Seiat Plant — Abel Huws — Wil Bryan
Y Gwyddel — Y Ddwy Ysgol — Seth — Tomos a Barbara Bartley

RHAN 2.

Mari Lewis a Wil Bryan — Dechrau Gofidiau — Tomos a
Barbara — Dychweledigion — Y Meistr a'r Gwas — Y Cloc

RHAN 3.

Ychwaneg am Wil Bryan — Tomos Bartley ar Addysg
— Yr ymweliad a'r Bala — Atgofion y Diwedd

Llywydd Mr. JAMES NICHOLAS

Ceir anerchiad gan Mr. W. R. JONES ar ddiwedd yr ail ran

153

153. Hysbyseb Theatr yr Ymylon a gyflwynodd Rhydwen fel Daniel Owen yn darllen *Hunangofiant Rhys Lewis*, yn yr wythdegau cynnar. Teithiodd y cyflwyniad hynod boblogaidd yma trwy Gymru ben baladr.

Perffformiwyd *Llyfr y Siaced Fraith* yn yr Eisteddfod Genedlaethol, Sir Fôn, ym 1957, ac fe gyhoeddwyd y gyfrol yn yr hydref o'r un flwyddyn. Cynhyrchydd y cyflwyniad oedd Wilbert Lloyd Roberts. Yr oedd Rhydwen yn aelod o'r cast. Ymhlith y perfformwyr eraill yr oedd Ellis Gwyn Jones, Shân Emlyn, J. O. Roberts, W. H. Roberts, Emrys Cleaver, Trefor Edwards, Ruth Price a Gwenllian Dwyryd.

154

154. Cast y cynhyrchiad o *Llyfr y Siaced Fraith*, gyda rhai wynebau adnabyddus yn eu plith, Wilbert Lloyd Roberts yng nghanol y rhes flaen, ac ar ganol y drydedd res o'r chwith i'r dde, J. O. Roberts, Emrys Cleaver a Rhydwen Williams, y Traethydd.

'Ymunais â dosbarth drama Cynan yn y Llyfrgell trwy'r llyfrgellydd ifanc, W. R. Owen . . . Doed a ddelo, nid oeddwn am golli yr un o ddarlithiau Cynan, yr oedd yn union fel bod yng nghwmni Thomas Taig gynt, a chefais fynediad i fyd newydd pan ddaeth â nifer o storïau a dramâu a gyfieithwyd gan Dr Hudson Williams o'r Rwseg, a'm castio i chwarae yn y dramâu. Canlyniad hyn oedd, pan benderfynodd y BBC ddarlledu drama Cynan, *Hywel Harris*, ar gyfer dathliad y Methodistiaid Calfinaidd, gyda Nan Davies yn cynhyrchu, cefais y brif ran, dipyn o gamp, a chredwn yn siŵr fy mod wedi landio ar brifford enwogrwydd.'

Gorwelion.

155. Cynan.

Ysgrifennodd Rhydwen Williams ddwy gomedi, *Mentra Gwen*, sef comedi mewn tair act, ac *Arswyd y Byd*, a ddisgrifir fel comedi hwyliog. Cyhoeddwyd y ddwy gan Lyfrau'r Dryw, ac yr oedd y ddwy yn boblogaidd yn rhaglenni perfformio cwmnïau amatur trwy Gymru.

DREFACH

DRAMA

Cafwyd noson hwylus iawn ar nos Wener, 29 Ionawr, gan Gymdeithas Pobl Ieuainc Capel Seion, pan berfformiwyd y gomedi enwog ''Mentra Gwen'' o waith Rhydwen Williams. 'Roedd Hebron yn orlawn, a'r perfformio'n wych dan gyfarwyddyd Mr. Gwyn Jones. Y Mans. Calondid mawr i'r ieuenctid oedd gweld y neuadd yn llawn ar ôl gwaith caled o baratoi yn ystod y gaeaf. Y chwaraewyr oedd Gwyn Jones, Gareth Griffiths, Gethin Thomas, Caroline Jones, Bethan Jones, Alun Williams, a'r gweddill yn cynorthwyo ar y llwyfan.

156. Cynhyrchiad o ddrama Rhydwen, *Mentra Gwen*, yn y Drefach.

Y DDRAMA DELEDU.

'Ystyr dyfodiad teledu yw bod galw mawr am bob math o ddramâu a
phob math o ddramodwyr, yr ydym i gyd wrthi gymaint fyth yn
dyfeisio a theipio a chocsio, ac y mae'r tâl yn well na chasglu siwrin;
mwy na hynny, dim ond i ni gadw at y cynllun, ffeindio'r geiriau
iawn, twtio'r sgwrs, a bod yn ddigon lwcus i gael be-di-enw i wneud
y brif ran a chael be-di-henw-hi i fod yn wraig iddo . . . ffwr â ni!
Rhyw gamp fel disg-joci, faint bynnag o gamp yw hynny, yw'r
ddrama-deledu ffasiynol; ac fel y cyfryw, y mae'n rhwym o fod yn is
na chelfyddyd.'

> Rhydwen, yn ei bennod ar 'K. R. a'r Teledu', o'r gyfrol
> *Kate Roberts: Ei Meddwl a'i Gwaith*, Gol. Rhydwen Williams,
> Christopher Davies, 1983.

157. Ysgrifennodd ac addasodd Rhydwen nifer o ddramâu ar gyfer y
teledu a'r radio.

158. Darn o sgript yr Opera Roc, *Barabbas*, gan Rhydwen Williams.
Yn ei ragymadrodd i'r gwaith y mae'r awdur yn dweud:

> 'Mwy na thebyg bod y ddau leidr a grogwyd gyda Iesu yn
> genedlaetholwyr ifanc: dilynwyr Barabbas. Ond yr oedd
> Barabbas yn eu golwg wedi eu twyllo ac wedi mynnu achub ei
> groen ei hun. Mewn sefyllfa o'r fath, gellir beio amgylchiadau
> neu roi'r bai ar Dduw. Diamau eu bod yn ystyried yr amseru'n
> wallus i gael eu dal mor rhwydd. 'Roedd bai ar nifer o'u
> ffrindiau am fod mor esgeulus neu fradwrus falle. Ond yr oedd
> y bai mwyaf ar yr hwn a gafodd fynd yn rhydd: Barabbas.'

157

158

```
BARABBAS:                               BARABBAS:

Gwna di fel y mynni a mi!               Nid wy'n lan fy nwylo,

Tor fy esgyrn, ni phaid y terfysgoedd;  ond ail i'r eira gwyn ydyn yn d'ymyl di.

lladd fi, ni ddaw llwydd fyth.          E' drechwn dy drachwant

                                        a hongian ar g'oedd dy lengoedd aliwn;

    PEILAT:                             lle bu dy gledd heddiw,

Un siriol wyt ti!  O, mi ryt ti'n fantais i'r wlad!   y meirwon lle cwsg ein meirwon dwys,

Gwaeth na'n bod ni'n llywodraeth       dy feirwon di fydd yno yfory!

yw ildio'r wlad i'th ddwylo di.

Mae dy enwi'n ennyn mudandod,              PEILAT:

herwr balch sy'n creu ofn ar bawb.     Rhwymwch a churwch ef!

Cledd a chwip, wtthi'n cipio           Ei swp hurt i'r d fnjwn isaf!

cadarn wyr, goreugwyr gwych,           Fferau ac arddynau i'r maglau mawr!

a'u claddu ym mon y cloddiau hyn.

Dy wyneb sy'n waeth na d'enwi --          BARABBAS:

bradwr, terfysgwr wyt ti!              Nid oes gosb na gwr hyf yn dy Rufain,

                                        y tywodyn, all ein tewi!
```

8. Darlledwr

159. Rhydwen yn ei gyfnod yn gweithio i gwmni teledu Granada ym Manceinion. Penodwyd ef yn gynhyrchydd y rhaglen *Dewch i Mewn*. Ei gyfaill y Dr Huw T. Edwards a'i cynorthwyodd i fynd am y swydd.

160. Meredith Edwards (yng nghanol y llun) a gyflwynai'r rhaglen *Dewch i Mewn* i gychwyn, ac yna Owen Edwards am ddwy flynedd, ac Ednyfed Hudson Davies wedi hynny.

159

160

162

'Pan ddaeth rhaglen Gymraeg gyntaf teledu-annibynnol i'm gofal (a hynny cyn cychwyn gwasanaeth y BBC na geni TWW heb sôn am HTV) un o fanteision y swydd oedd yr awdurdod i wahodd pobl o ddawn a thalent (a phobl *heb* ddawn na thalent ar dro) i ymddangos ar y rhaglen.

Gwahoddwyd Dr Kate Roberts i ddod i'r stiwdio i roi cyfres amrywiol o sgyrsiau o'i dewis ei hun – crempog! hen arferion! ofergoelion! ac ati! – ac y mae dyn yn edrych yn ôl yn awr ac yn sylweddoli'r trylwyredd a'r proffesiynoldeb a nodweddai bob un o'r sgyrsiau hynny . . . Gallaf ei gweld yn awr yn gwneud ei hymddangosiad . . . John Elis Williams, Mathonwy, Gwilym R., fel gosgorddlu a Mair, Gwenfron a Rhiannon fel morynion ei llys!

Ac nid unwaith na dwywaith y daeth ambell berfformiwr neu actor o Sais o stiwdio arall ataf yn y coridor i holi *pwy oedd . . .?*'

> Rhydwen, yn ei bennod ar 'K.R. a'r Teledu'
> o'r gyfrol *Kate Roberts: Ei Meddwl a'i Gwaith.*

161

161. Kate Roberts.

162. Rhai o'r gwŷr a ymddangosai ar raglen Rhydwen o Granada. Yn y llun uchod y mae Tom Eaton Jones a gyflwynai newyddion a mabolgampau. Isod y mae J. Ellis Williams y dramodydd ar y dde i Rhydwen, ac ar y chwith y mae'r Prifardd William Morris.

163. Grŵp o bobl yn dathlu yn Nhafarn y Ceffyl Gwyn, yn Llanfair Dyffryn Clwyd, ar ôl ymddangos ar *Dewch i Mewn* o Granada. Yn y rhes ganol y mae Rhydwen a'i fab Huw. Ar y dde yn y rhes flaen y mae Eic Davies, ac yng nghanol y rhes flaen y mae Margaret, gwraig Rhydwen.

164. Rhydwen yn ei gyfnod yn Granada. Cynhyrchai dair rhaglen o *Dewch i Mewn* yr wythnos, a phob rhaglen yn awr o hyd.

165

166

167

165. Yr oedd nid yn unig yn gynhyrchydd y rhaglen *Dewch i Mewn*, ond hefyd fe fyddai'n cyfweld â llu o bobl yn eu tro, ac fe ymchwiliai i gefndir eitemau unigol. Dyma Rhydwen o flaen y camera, ym Medi 1957.

166. Yn yr ystafell reoli, yn Stiwdios Granada, yn edrych dros ysgwydd Warren Jenkins, a gyfarwyddai'r rhaglen *Dewch i Mewn*.

167. Rhydwen gyda'r rheolwraig stiwdio, Nancy Lloyd Jones, yn Stiwdio *Dewch i Mewn*, Medi 1957.

168

169

170

171

MINISTER IS NEW TWW P.R.O. MAN

By JAMES PRICE

A WINNER of the National Eisteddfod Bardic Crown and a Baptist minister, the Rev. Rhydwen Williams, aged 45, has been appointed to the new TWW post of programme and public relations representative in Swansea. He will take up his duties on November 1.

At one time a contributor to Western Mail Weekend Magazine, Mr. Williams was presented with the Eisteddfod certificate by the Queen, then the Princess Elizabeth, at Mountain Ash in 1946.

Mr. Williams graduated at University College, Swansea, and became minister at Pontlliw, Swansea, for 10 years.

Compere

He also held pastorates in his native Rhondda at Ynyshir and at Resolven, in the Neath Valley.

More recently he has been familiar to both North and South Wales viewers as the producer and occasional compere of the Granada TV programme, "Dewch i Mewn," which was networked to TWW.

Mr. Williams will be joined in Swansea by his wife, Margaret, born in Porth, and his son, Huw, aged 18, who is an art student at Kelleston College, Flintshire.

168. Rhydwen yng nghyfnod Granada.

169. Esme Lewis, un o'r cantorion adnabyddus a ymddangosai'n gyson ar *Dewch i Mewn* o Stiwdios Granada.

170. Ivor Emmanuel. Ymddangosai yntau yn gyson ar raglenni Rhydwen o Granada. Bu rhai o sêr y dyfodol, megis Esme Lewis ac Ivor Emmanuel, yn cael cyfle i berfformio ar *Dewch i Mewn*.

171. Ym 1964 cafodd Rhydwen swydd fel cynrychiolydd hysbysebu i sianel TWW yn y De. Cyfeirir at ei swydd newydd yn y *Western Mail* ar y pryd.

172. Rhydwen wrth ei deipiadur yn TWW yn y chwedegau.

173. Grŵp o gyfarwyddwyr, cynhyrchwyr a gweinyddwyr TWW yn y chwedegau. Yn eu plith y mae nifer o wŷr a gwragedd amlwg a lywiai'r sianel ar ddiwedd y pumdegau a chychwyn y chwedegau. Y mae Rhydwen yn sefyll ar y dde a'i wraig Margaret yn eistedd ar y chwith.

172

173

174

174. Rhydwen a'i wraig Margaret yn eistedd yn lolfa TWW. Y mae Huw, eu mab, yn sefyll ar y chwith.

175. Tîm o Abertawe yn cystadlu am wobr o gan punt yn rhaglen TWW, *Tregampau*, ym mis Hydref 1963. Y mae Rhydwen, cynrychiolydd TWW, yn sefyll ar y dde.

175

176

CADAIR EISTEDDFOD ABERTAWE

Mr. Tomi Scourfield, Ysgrifennydd; Dr. Stephen J. Williams, Cadeirydd y Pwyllgor Gwaith; Rhydwen, Cynrychiolydd TWW; a lluniwr y Gadair.
Trwy garedigrwydd y "Western Mail".

177

176. Edmygu gwaith y crefftwr a luniodd Gadair Eisteddfod Genedlaethol Abertawe, cadair a noddwyd gan TWW. Yn y llun, o'r chwith i'r dde, y mae Mr Tomi Scourfield, Ysgrifennydd yr Eisteddfod ar y pryd, Dr Stephen J. Williams, Cadeirydd y Pwyllgor Gwaith, Rhydwen, cynrychiolydd TWW, a lluniwr y Gadair.

177. Mr Dai Francis, Ysgrifennydd Glowyr De Cymru, a Rhydwen yn Stiwdios y BBC, Caerdydd, ym 1974. Ysgrifennodd Rhydwen gerdd o bum can llinell, sef 'Y Glöwr', yn y gyfres Comisiwn 74, i'w darlledu ar Radio 4, BBC Cymru. Yr oedd wedi cyflwyno'i gerdd i Dai Francis. 'Yn y gerdd,' meddai Rhydwen, ''rydw i'n gweld creisis y genedl gyfan yn cael ei adlewyrchu yng nghymdeithas y glowyr. Mae'n gymdeithas sydd wedi ei difrodi a'i defnyddio at bwrpas hunanol. Fy mwriad yn y gerdd felly oedd amddiffyn y glowyr.'

178

179. Casgliad o gymeriadau'r byd cynhyrchu a darlledu yn y pumdegau a'r chwedegau o gwmpas Rheolwr y BBC yng Nghymru, Alun Oldfield Davies, yntau'n eistedd yng nghanol y rhes flaen. Y mae'r llun yn cynnwys llawer o wynebau cyfarwydd byd darlledu y cyfnod, yn actorion, yn gynhyrchwyr ac yn weinyddwyr, gan gynnwys, George David, John Griffiths, Hubert Hughson, Eirwen Davies, Cynddylan Williams, D. J. Thomas, Gwenyth Petty, Ifor Rees, Olive Michael, Prysor Williams, Aneirin Talfan Davies ac Evie Lloyd. Y mae Rhydwen yn sefyll ar y chwith yn y rhes gefn rhwng Islwyn Williams a Brinley Jenkins.

179

178. Rhydwen yr Actor. Bu'n cymryd rhan mewn nifer helaeth o ddramâu radio a theledu yn ystod y chwedegau a'r saithdegau. Yr oedd galw mawr am oslef hardd ei lais cyfoethog ym myd darlledu.

9. Y Nofelydd

180

181

182

180. Rhydwen. Darlun gan Valerie Ganz.

181. 'Gerallt Jones . . . yn *Y Tyst*, a ddywedodd rywbeth go dyngedfennol i mi – 'Mae gan Rhydwen Williams ddawn i sgrifennu nofel ar yr un thema â'i bryddest . . .' – 'doedd dim angen iddo ddweud mwy!

'Roeddwn wedi ceisio datblygu elfen storïol mewn cerdd ers tro bellach. Bûm yn anesmwytho am y ffin a godwyd rhwng rhyddiaith a barddoniaeth. Nid oeddwn yn fodlon o gwbl i'r utgyrn chwythu mor orfoleddus am bryddest eilradd a chroesawu darn o ryddiaith goeth mewn ffordd swta. Mae gorymdaith y derwyddon a'r archdderwyddon a'r regalia aur yn gosod camp bardd yn uwch nag eiddo'r sgrifennwr rhyddiaith, a chyndyn iawn yw'r ceidwadwyr i

newid, ond . . . mae llawer fel finnau'n anesmwyth iawn ynglŷn â hyn.'

O'r Rhagair i'r gyfrol
Y Casgliad Cyflawn, 1941-1991.

182. Aeth Rhydwen ati i ysgrifennu trioled o nofelau dan y teitl *Cwm Hiraeth*, yn croniclo, yn hunangofiannol, treigl bywyd yn Y Rhondda yn ystod hanner cyntaf yr ugeinfed ganrif, mewn un bwrlwm o lenydda o fewn pedair blynedd: *Y Briodas* (1969), *Y Siôl Wen* (1970) a *Dyddiau Dyn* (1973).

Cymeriad o'r nofel *Y Briodas* (y nofel gyntaf o'r triawd *Cwm Hiraeth*).

''Roedd hyn o ryddiaith, er mor drwsgl, yn ddigon i beri i'r achos fynd i'r llys; peth a gefnogai Caswallon Edmunds ar y cyntaf, ond a fawr ofidiodd amdano wedyn. Bu'n rhaid i Maggie roi ei thystiolaeth. Gwnaeth hynny. "Will you repeat after me?" "Cymraeg, sgwelwch yn dda," mynnodd.

"She do want to say what she do want to say in the Welsh, like," esboniodd un o'r ynadon i gadeirydd y fainc. "In W-e-e-e-l-sh?" daeth yr ateb syn, bysedd tew yn rholio pwyntiau hir seimllyd o fwstâs, "Does the young lady not speak English?"

"Do yew spick Ing-lis?" gofynnodd dyn bach yn ofnus, ffyslyd, gwasaidd wrth ei fwrdd ysgrifennu heb godi'i drwyn.

"Cymraeg, sgwelwch yn dda," atebodd Maggie unwaith eto, yn fwy penderfynol y tro hwn.

Dywedodd yr ynad air yng nghlust y cadeirydd, "She do speak proper all right, I'm thinkin', only – she do want to be stubborn."

"Stubborn?" Edrychodd y cadeirydd ar y ferch ifanc, dawel, hunanfeddiannol ger ei bron drwy ei wydr, cyn mwmian rhyw gyfarwyddyd dros ei ddesg i'w glerc. Meddai, "Ask her why she won't answer in English?"

"Why yew do not spick in Ing-lis?" saethwyd yr ymholiad ati. "Cymraeg, sgwelwch yn dda."

"Why yew do not spick in Ing-l-i-i-s?" atseiniai'r un cwestiwn dros y llys yn ffyrnicach . . .

Ystafell fechan, dywyll oedd Llys Ynadon Ton Pentre, hanner ohoni'n orsedd i'r cadeirydd a'r gwŷr a gwragedd a eisteddai ar ei dde a'i aswy mewn gogoniant; ac yr oedd yr hanner arall yn feinciau anesmwyth a phlaen i dderbyn rhyw gynulleidfa o ddeg-ar-hugain. Bocs i'r carcharor a bocs i'r tystion, wrth gwrs.

"Cymraeg, sgwelwch yn dda." Safai Maggie yn wynebu'r ynadon heb yr awgrym lleiaf o ofn ar ei hwyneb, ac ambell bâr o lygaid yn y gynulleidfa'n gwreichioni braidd yn bryderus yn ei chylch. "Answer my question, pliss?" brathodd y clerc, yn codi'i olygon yn tro hwn.

Gwenodd Maggie ar y cadeirydd yn gwrtais. "Tha gen i mo'r Sasneg, syr." '

Cymeriad o'r nofel, *Y Siôl Wen*.

'Hen filwr oedd Jenkins Aljibra, medda nhw, a'i filitariaeth nid ei wybodaeth a gyfrifai am ei benodiad flynyddoedd yn ôl. Apeliodd ei ysbryd sarrug at ryw gadfridog yn Ffrainc a gwnaed ef yn gapten. Ar ddiwedd y rhyfel, cafodd ddrws agored i goleg am flwyddyn. Dywedodd Wil Rees wrth ei dad mai M.C. (*Military Cross*) oedd y llythrennau tu ôl i'w enw, ond iddo ei newid yn M.A. dros nos. Gresynai Dewyrth Siôn bod y Duwdod a'r Swyddfa Ryfel a'r Bwrdd Addysg wedi caniatáu i'r fath 'asiffeta' sleifio o iard y baracs i iard yr ysgol.

"Rhobert Esmor, yda chi am ddod ymlaen yn y byd?"

"Ydw . . . ydw, syr."

"Yda chi am aros yng Nghwm Rhondda i grafu glo drw'ch oes?"

"Na, syr."

"Yda chi am i'ch rhieni fod yn falch ohono chi?"

"Ydw, syr."

"Yda chi am – am wneud enw – am fod yn ditshar rhyw ddiwrnod?"

Edrychodd Rhobert Esmor ym myw llygaid ei athro, ond . . . ni ddwedodd air.

Taranodd y llais. "Yda ch-i-i-i-i?"

"Ydw, syr."

A pharhaodd y daran. "Wel, damia, damia, grwt ma'n rhaid – rhaid- rha-a-a-aid – gneud SYMS!" '

Cymeriad o'r nofel, *Dyddiau Dyn*.

'"Ma *religion* yn beth ddyla dyn gymyd amsar i feddwl drosto. Pan wy ti'n folantirio i gael y 'dip', wyt ti'n cymyd *big step*, a'r peth ola wyt ti

isio ydy rhw labwst yn dy shyfio di i'r dŵr dros dy ben cyn dy fod
wedi tynnu dy sana. Mi glywis y gnidog yn deud mewn *sermon*, sôn am
letting it rip, fod y dyffar penna yn fwy o gownt na dafad, ond – dydy'r
hen ffelo ddim yn llyncu'r fath ene o *gospel*! Dyn ne ddafad, 'dip'
amdani, a chydio ynddyn-nhw wrth u gwalltia ag wrth u cryn –*if they
don't come quietly!*"

"Na, na . . . dydy dy dad ddim mor ddrwg â hynny!"

"Dw i ddim yn deud i fod o'n ddrwg, ffŵl gwirion! Deud dw i i fod
o'n *very difficult to handle*. Ma gwahaniaeth rhwng bod yn ddyn drwg a
bod yn ddyn anodd. Does dim pobol-capel yn ddrwg, *as you might say*,
ond ma rhai ohonyn nhw'n *awkward* ar y diawl. A ma gen i rhw
nosiwn – *I could be wrong*, cofia! – y basa Iesu Grist yn medryd côpio
hefo miloedd o *sinners* yn y *kirk* tasa fo'n cael gwared o'r *awkward
squads.*" '

'Yn wir, megis dechrau yn y Gymraeg y mae'r gwaith o droi bywyd y
cymoedd glo fesul stori yn saga genedlaethol. Bydd cyfraniad
Rhydwen Williams yn ail hanner y ganrif hon yn gyfraniad o bwys
petai'n unig oherwydd y bydd i awduron y dyfodol fynedfa drwyddo i
fyd diflanedig y glöwr. Mae sawl gwythïen epig yno'n aros am
ysgrifenwyr glew. Boed i'w lampau oleuo'r ffas i gyd ac i'w geiriau
efelychu arwriaeth y mandreli gynt.'

O'r gyfrol, *Arwr Glew Erwau'r Glo*, Hywel Teifi Edwards,
Gwasg Gomer, 1994.

183. Hywel Teifi Edwards.

'Wrth sgrifennu am y cymoedd glofaol, gwyddwn fod y maes mor
olau i mi â chledr fy llaw. Dyma fy nghefndir, dyma fi, dyma'r hyn
oeddwn; ac yr oedd y bobl a'u tafodieithoedd a'u ffraethebion a'u
trasiedïau yn rhan ohonof hyd at haenen isaf fy modolaeth – a
thrwyddynt y ceisiais bortreadu fy holl brofiadau, pryderon, a
gobeithion fel Cymro yn hyn o fyd . . . Rhwng Moel Cadwgan a

183

Mynydd Pentwyn, ar waetha basddwr yr afon a redai rhyngddynt, y
cyfarfûm â rhai o'r eneidiau mwyaf nobl a'r cymeriadau mwyaf hudol
a adwaenais erioed. Os yw hyn o lafur oes yn gronicl, pa mor syml
bynnag ydyw, i gadw'r cyfan mewn cof am ysbaid ymhellach er
mwyn Cymru a'r iaith odidog a oedd yn barabl beunyddiol iddynt, yr
wyf ar ben fy nigon.'

O'r Rhagair i'r gyfrol
Y Casgliad Cyflawn, 1941-1991.

184

185

RHYDWEN WILLIAMS
Adar y Gwanwyn

Adar y Gwanwyn.

Nofel gan Rhydwen am griw bychan o ffrindiau a drigai yng Nghwm Rhondda yn y tridegau, criw sy'n adlewyrchu gwefr a chyffro'r cyfnod a'r frwydr am 'enaid' Morgannwg. Adlewyrchir meddwl a theimladau'r awdur trwy eu gweithrediadau a'u gwrthdaro, er enghraifft:

''Yr hyn a welaf i,' soniodd Garmon, 'yw hyn: bod e'n [Dostoevsky] pregethu rhyw Grist Rwsaidd a rhyw Dduw-ddyn Fictoraidd, mae'n wir, ond – nofelydd ydoedd o flaen dim arall. Mae hynny'n bwysig. Gall i fod e'n broffwyd . . . newyddiadurwr . . . athronydd . . . diwinydd, ond – nofelydd ydoedd yn y bôn yn defnyddio'r nodweddion hyn oll yn i grefft. Nawr dyna beth wy'n gweld yn berygl yng Nghymru 'ma; rhyw duedd i ddefnyddio ffurf nofel neu stori neu ddrama i fod yn rhwbeth arall ar wahân i nofelydd neu storïwr neu ddramodydd.''

O'r nofel, *Adar y Gwanwyn*, gan Rhydwen Williams,
Christopher Davies, 1972.

185. Clawr *Adar y Gwanwyn*.

'Mae Rhydwen Williams wedi bod yn fwy uchelgeisiol na'r rhan fwyaf o'n nofelwyr, ac wedi cynnig cyfres o nofelau swmpus sy'n rhyw fath o arwrgerdd i fywyd cymoedd y de yn ystod yr ugeinfed ganrif. Er bod llawer o'r deunydd yn atgofus, hunangofiannol, ni allwn mo'i gyhuddo o esgeuluso wynebu'r bywyd y bu'i genhedlaeth ef a'r un flaenorol drwyddo.'

John Rowlands, yn ei gyfrol, *Ysgrifau ar y Nofel*,
Gwasg Prifysgol Cymru, Caerdydd, 1992.

184. Rhydwen yn ei gynefin.

Breuddwyd Rhonabwy Jones.

Nofel yn llinach *Animal Farm* yw hon. Ynddi y mae Rhydwen yn dychanu'n ddeifiol ac yn rhoi sylwadau miniog ar gymdeithas a diwylliant Cymru trwy gyflwyno'i holl gymeriadau fel anifeiliaid pwrpasol. Dyma enghraifft o'i chynnwys:

'Daeth y brifwyl i ben, ond nid Eisteddfod Genedlaethol Cymru. Sylweddolwyd gan bawb (o'r anifeiliaid) y gallai'r sefydliad hwn ar ei newydd wedd fod o fudd arbennig i alw'r genedl ynghyd unwaith y flwyddyn a sicrhau safonau newydd i lên a chelfyddyd . . . Doedd ond un amod: roedd rhaid i'r arwydd olaf o ofergoel dyn gael ei fwrw allan yn awr ac am byth. Dim archdderwydd, dim derwyddon, dim ofyddion, dim meini gorseddawl, dim gweddi'r orsedd, dim rhagor o areithio dibwrpas, dim regalia, dim enwau barddol, dim eiddew, dim gorymdeithio, dim urddo, dim modrwyon, dim cofiadur, dim arwyddfardd, dim ceidwad y cledd, dim cledd, dim utgyrn, dim diolwch, dim.
    Ac felly y bu.'

O nofel Rhydwen Williams, *Breuddwyd Rhonabwy Jones*,
Christopher Davies, 1972.

186. Gorsedd y Beirdd.

186

The Angry Vineyard.

'One of the most powerful stories of industrial insurrection must be the tale of Dic Penderyn, martyr of the Merthyr Riots of 1831. Not only does this novel relate superbly the events leading up to the riots but also captures, with great poignancy, the feelings of the Penderyn family and their friends. This is undoubtedly a major historical novel.'

Clawr nofel Rhydwen Williams, *The Angry Vineyard*, Gwasg Christopher Davies, 1975.

Darn o ddiweddglo'r nofel, *The Angry Vineyard*, gan Rhydwen Williams, Gwasg Christopher Davies, 1975.

Tuesday: August 2:

Penderyn

'In this darkness, waiting, waiting, I realise that the terrible agony of the condemned cell is that one has no longer in the whole universe another human being that he can touch nor any sort of god that he can reach. One can only sit still and give oneself to the fantasies of the mind . . . the shapes of the dark . . . the sounds of the screaming silence. As far as unreality is concerned, I am one of those birds that dotted the horizon yesterday and glided, glided aimlessly, only . . . there is no sky. There is no sky here. No light. No sound. Nothing.'

Wednesday: August 3:

Crawshey

'We had a bonfire at the back for the children, as Davy likes to do now and then to keep the paths and borders in trim. Robert, displeased that Penry Williams wanted to take his portrait away, came out of the house with the picture he made of the two rioters and flung it into the flames. I dared not scold him as he is such a nervous boy. I swear those men were grinning at me through the fire.'

98

187

187. Castell Cyfarthfa, cartref teulu'r Crawshey.

Apolo.

'Soniodd Dr John Rowlands yn ei ddarlith radio ar nodweddion y nofel Gymraeg gyfoes yr hoffai weld mwy o nofelau am yr olygfa gyfoes yn y Gymru sydd ohoni. Delio â darn o'n hanes diwydiannol a wnaeth Rhydwen Williams yn ei nofelau hyd yn hyn, ond yn *Apolo* y mae'n gosod ei draed yn gadarn ar ddaear y presennol. Lleoliad ei nofel yw swyddfa a stiwdio y byd teledu, ac y mae'r stori'n delio â sefyllfaoedd a chymeriadau sydd â'u tynged yn y byd hwnnw. Mae'r nofel hon yn rhychwantu llawenydd a thrasiedi, a llwydda'r awdur i ddweud ei stori yn gwbl hyderus fel un sy'n gwybod ei ffordd yn iawn o swyddfa ac i stiwdio, gan feddu llygad i weld, clust i wrando, a chalon i dosturio. Faint bynnag o sianelau a ddaw i ran Cymru, dengys y nofel hon nad yw codi gorsaf deledu heb beryglon ar wahân i fanteision i genedl, cymdeithas, ac unigolyn.'

Siaced lwch y nofel *Apolo*, gan Rhydwen Williams, Gwasg Christopher Davies, 1975.

188

189

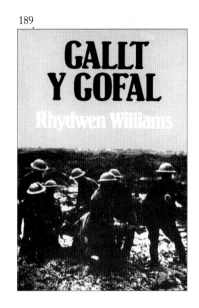

190

188. *Apolo.*

Gallt Y Gofal.

'Job Cornog yw canolbwynt y nofel hon – trasiedi ei fywyd syml a geir ynddi . . . Daeth wyneb yn wyneb â Bywyd ac Angau, Hapusrwydd a Galar, Serch a Hiraeth, Ariangarwch a Thlodi, Heddwch a Rhyfel. Problem fawr Job Cornog oedd na chafodd neb i lynu – na chafodd neb i aros. Fe'i gwrthodwyd o'i ddechreuad. Cymerwyd popeth oddi arno. Mewn gair, nofel am rywun sy'n gorfod brwydro yn erbyn Rhagluniaeth yw hon.'

O froliant y nofel *Gallt y Gofal*,
gan Rhydwen Williams,
Christopher Davies, 1979.

189. *Gallt y Gofal.*

190. *Amser i Wylo,* nofel am danchwa Senghennydd 1913.

Liwsi Regina.

'Yn y nofel feistrolgar hon ceisiodd Rhydwen Williams lanw'r bylchau gan adrodd yr hanes yn llawn, a hynny'n fyw a beiddgar. Mae talent arbennig yr awdur wedi ei alluogi i ddisgrifio perthynas ramantus Liwsi a Siarl yn gwbl agored a mentrus. Creodd awyrgylch y dyddiau cyffrous hynny yn rhyfeddol o fedrus ac y mae'r stori yn cydio ynom o'r cychwyn. Bydd y cyfan yn apelio at bob oed, ond yn arbennig at bobl ifanc.

O'r braidd y cafodd nofel serch ei chyflwyno mewn arddull fwy gafaelgar a lliwgar erioed. Mae yma ddisgrifiadau sy'n gynnyrch chwaeth artistig o'r radd flaenaf, a cheir rhai golygfeydd diangof. Ceir yma holl arweddau'r natur ddynol: eiddigedd, cyfrwystra, a brad ar y naill law, a thynerwch, aberth a chariad eirias ar y llaw arall. Dilynir hynt Liwsi hyd y diwedd tyngedfennol, a'r canlyniad yw un o'r nofelau Cymraeg mwyaf nodedig a gyhoeddwyd erioed. Bydd *Liwsi Regina* yn gymeriad i'w chofio mewn llenyddiaeth Gymraeg.'

O glawr cefn y nofel *Liwsi Regina*,
gan Rhydwen Williams,
Gwasg Christopher Davies, 1988.

191. *Liwsi Regina.*

191

'Uchafbwynt arall yn yr amser rhy brin o'i nabod – teyrnged yr Academi Gymreig iddo fe ar ei ben-blwydd yn 75, a fi'n cael llunio rhaglen 'Acen, Atgofion, Cred', iddo fe. Cast bendigedig, cerddor dawnus – a fe, yn ein canol ni yn yr ymarferion yn edrych ar y cwbl, ac yn naddu'r cof yn yr edrych. A'r dagrau, yr hiraeth o ddagrau, pan oedd Leanne Hardman, a chwaraeai ran ei fam Maggie yn y nofelau, a Daniel Evans a chwaraeai ei ran yntau, yn dangos shwd gallai iaith lithro ar goll ar yr aelwyd heb hyd yn oed sylwi o'r bron, yn yr olygfa boenus honno lle mae Wil Kingston yn dwyn teyrngarwch y mab:

RHYDWEN: I don't speak the Welsh no more.
MAM: A pham felly?
RHYDWEN: Because . . . that's why.
SAIB.
Mam?

Pan drodd Maggie at Rhobert Esmor yn y nofel, ac yntau'n 'hogyn' yn gweld ei ddagrau, creodd Rhydwen ddelwedd annileadwy ar gydwybod cenhedlaeth ohonom yn y de-ddwyrain a ddioddefodd brofiadau tebyg. Cymreictod brwydr fu'n Cymreictod ni ers y dechre. Yn yr olygfa honno, yn y ddeufyd rhwng cefnu ac ymroi i iaith, mae bom ein hunaniaeth. A diolch amdano, Rhyd.'

John Owen, yn ei erthygl, 'Cofio Rhydwen',
Taliesin, Hydref 1997.

10. Y Golygydd

192

Barn
Golygydd/Editor
Rhydwen Williams

192. Rhydwen yn cychwyn fel golygydd y cylchgrawn *Barn* ym 1981 pan oedd yn weinidog ym Mhont-lliw.

193

193. Golygydd *Barn* o 1981 i 1986.

194

GOLYGYDDOL

Mae unrhyw wlad a all gynhyrchu olyniaeth o ddynion sy'n fodlon marw drosti yn hawlio ei chymryd o ddifrif. Mae'n rhaid fod gan bobl o'r fath achos sy'n galw am ystyriaeth ddifrifol a chri sy'n haeddu gwrandawiad. Y mae anwybyddu yn agwedd gwbl anfoesol.

Bellach, etholwyd Mr Owen Carron i gynrychioli Fermanagh, ac nid oes amheuaeth y bydd ei arweiniad yn ysbrydiaeth newydd i garcharorion y Maze. Mae'i sefyllfa felly yng Ngogledd Iwerddon yn fwy argyfyngus nag erioed. Nid yw Mr Carron yn bwriadu cymryd ei sedd yn San Steffan, ond gofynnodd am gyfle i siarad yn weddol ddi-oed gyda Mrs Thatcher.

Diamau na fydd fawr o obaith am gymod, beth bynnag a ddywed Dulyn neu Lundain, nes y daw'r ddwy ochr at ei gilydd yng Ngogledd Iwerddon, lle y bu ceg fawr efengylaidd y Dr Ian Paisley yn brygawthan ei wleidyddiaeth ffwndamentalaidd gan greu mwy o arswyd bron na holl fomiau'r IRA. Serch hynny, mater o ddyletswydd ar ran Mrs Thatcher yw wynebu Mr Carron, ei wrando, a rhoi ystyriaeth ddiragfarn i'w ddaliadau a'i fwriadau.

Gwaetha'r modd, go brin fod gan Mrs Thatcher y weichionen leiaf o awydd i ddod wyneb yn wyneb â Mr Carron, na rhoi clust i'r IRA, fandaliaid a mwrdrwyr, a llai fyth o awydd i roi statws wleidyddol i'r fath wrthryfelwyr anghyfrifol. Gwell ganddi er mwyn heddwch a gwareiddiad, nid Gogledd Iwerddon yn unig, ond y byd i gyd, giniawa a dawnsio gyda Mr Reagan, y cowboi cyfalafol hwnnw sy'n actio arlywydd ac yn gweld unig obaith yr hil ddynol, nid mewn crefydd (er ei fod yn ymarfer y lingo efengylaidd ar dro) nac athroniaeth na chelfyddyd o fath yn y

byd, ond mewn bom. Reagan, Thatcher, Einberger — dyma'r drindod newydd! Addolwn!

Nid yw diweithdra ar unrhyw raddfa, addysg mewn unrhyw ffurf neu gylch, diwydiant boed fawr neu fach, o bwys yn y byd na thu allan i gyrraedd y fwyell bellach, nac i'w cymharu â'r gofyn tyngedfennol i Lywodraeth Mrs Thatcher gael gwared yn fuan o'r Polaris niwcliar hynafol a dilyn ei phartneriaid Americanaidd trwy anrhegu'r Llynges â llongau-tanfor newydd sy'n drymlwythog o arfau *Trident*, yr anghenfil a ddyfeisiwyd i gystadlu'n farbaraidd â Rwsia, ac yng nghwmni'r arfau Cruise, y bom niwtron, a'r arfau nwy newydd sy'n rhan o'r strategaeth wallgof i daro gyntaf, ac yn warant, os digwydd taro, na fydd Rwsia, America, Lloegr na Llanerchymedd mwyach ar y map, gan na fydd map ar ôl, dim ond mwg a mudandod a diffeithwch a megatonnau mall.

Bydd rhai ohonom yn ochneidio'n ddwys nad yw'n ymddangos fod dyfodol i gapelau Cymru, peth naturiol ar ôl treulio deugain mlynedd bron yn ddi-dor yn eu gwasanaeth. Siom yw gweld llawer o'r to ifanc, brwd dros yr iaith a buddiannau a hawliau uchaf y genedl, ond heb unrhyw fath o deyrngarwch i'r hyn a alwa'n teidiau 'Yr Achos' na gronyn o ddiddordeb ynddo, heb sôn am y cydnabyddiaeth leiaf mai'r Gristnogaeth hon yn unig a gyfrif fod gennym iaith heddiw i boeni amdani a buddiannau a hawliau i'w diogelu. Ymddengys i rai ohonom ei bod yn gwbl amhosibl diogelu'r iaith Gymraeg a'n hawliau a'n gwerthoedd fel cenedl mewn rhyw Gymru faterol, ddi-gred, ddi-Grist, ac nid ydym am fwynhau yn golygu wrth fynu mewn gwlad fach hen ffasiwn, gul ei syniadau, geidwadol ei ffordd, ac yn drewi o gamffor a rhagfarnau ym'r gwrthwyneb

i hynny. Mynnwn y safodd capelau Cymru ar eu gore yn bennaf dros arglwyddiaeth Crist ar fywyd unigolyn a chenedl, gweledigaeth a bylodd o flaen llygaid llawer ohonom o dro i dro, ond y mae'n anodd gweld sut y gellir 'cadw'r ffynnon rhag y baw' a'r 'winllan a roddwyd' i ni, 'ar gyfer ein plant a phlant ein plant' heb gydnabod hynny mewn edifeirwch a ffydd ac ymgysegriad.

Bu ochneidio yn BARN am dynged rhai o bapurau a chylchgronau Cymru, a thybied fod einioes *Y Faner, Taliesin, Barn,* ac eraill yn nwylo Cyngor y Celfyddydau. Diamau fod hon yn sefyllfa i boeni'n ddirfawr yn ei chylch. Sut bynnag, yr hyn sy'n dod yn gliriach bob dydd, yn enwedig ar ôl i Mr Reagan roi ei droed i lawr a chodi'i ddwrn yn wyneb Rwsia i guro dwylo mawr ei gydwladwyr, ac i Mrs Thatcher droi'i thrwyn Toriaidd i fyny ar ei chynghorwyr a'i chyhoedd a'i gelynion, nid dyfodol capelau bach Cymru na'n cylchgronau na'n hiaith na'n buddiannau yn unig sydd yn y fantol, ond einioes a blaned sydd ohoni. Ein gofid yw Yfory.

Canodd Gwenallt yn angerddol unwaith fod 'y capten a'r criw yn feddw', ac ni bu geiriau'r bardd mawr a'r cyfaill twymgalon hwnnw'n fwy gwir erioed nag ydynt heddiw.

*   *   *

Carem ddiolch i Mr Gwynn ap Gwilym am drosglwyddo'r olygyddiaeth hon i'n dwylo mewn ffordd mor gwrtais a grasol. Gwerthfawrogwn ei lafur a'i ddidwylledd, a hyderwn na fydd inni fethu yn ein hymdrech i gadw traddodiad golygyddol Barn yn loyw a chyfrifol.

*   *   *

194. Sylwadau cyntaf Rhydwen fel golygydd y cylchgrawn *Barn*, Medi 1981, Rhif 224.

195

GOLYGYDDOL

(Yn ei wely yn Ysbyty Singleton, Abertawe y lluniodd Mr Rhydwen Williams ei olygyddol ar gyfer y rhifyn hwn. Da gennym gofnodi ei fod yn prysur wella, a dymunwn iddo adferiad llwyr a buan i ailgydio yn yr olygyddiaeth.)

Trywanwyd fi gan bwl o hiraeth pan ddaeth y newydd am farwolaeth y Fonesig Eirlys Edwards. Er i mi ei gweld ar lwyfannau, yn arwres bob modfedd ohoni, fel mam ar ei haelwyd y byddaf i'n meddwl a chofio amdani. Cofio'i chroeso diffwdan, ei brwdfrydedd dros waith ei gŵr a'i llawenydd mamol yn ei meibion, cyn mynd o ystafell i ystafell yn dangos i mi Gerard Dynevor (yr actor bach trist hwnnw a ddatgelodd gyfrinachau cynnar teledu i Owen a minnau) baentiadau'r cartref, gan ddyfynnu emynau Thomas Charles. Cofiaf hefyd i Gerard dystio wrthyf ar y ffordd adref, 'I didn't understand a word, but it was somehow most meaningful even to me'.

Gweld delwedd y fam ar ei phrydferthaf yn y Fonesig Edwards, a dyna'n union a fu hi nid yn unig i'w meibion ei hun ond i feibion a merched cenedlaethau'r genedl hon. Dirfawr yw ein colled. Bydd yr hiraeth ar ei hôl yn brathu ardaloedd Cymru fel gwynt y gogledd am amser hir i ddod.

brathu ardaloedd Cymru fel gwynt y gogledd am amser hir i ddod.

Mae meddwl am y fam urddasol hon yn peri i mi feddwl am famau eraill yn y Gymru sydd ohoni. Gwnes bregeth flisoedd yn ôl ar destun o'r Salmau — 'A hwy a glymasant eu hoffrymau wrth yr allor'. Pwynt yr homili seml oedd, pwy bynnag sy'n aberthu dros egwyddor, mae'n clymu offrymau eraill wrth allor yr egwyddor honno. Yr wyf yn meddwl am Wayne Williams a'i wraig ifanc a'i blentyn.

Ni fedr Wayne ufuddhau i'w weledigaeth am Gymru heb eu clymu hwythau, ei anwyliaid, wrth byst yr allor. Siarad anghyfriol ac anheilwng yw dweud mai arno ef y mae'r bai, ac y gwyddai'r canlyniadau. Fel y dywedasom am garcharorion y Maze, cyd-weld â nhw neu beidio, y mae unrhyw greadur sy'n fodlon mynd i'r fath eithafion dros ei argyhoeddiad yn teilyngu ei gymryd o ddifri, ac y mae pob ymateb rhagfarnllyd yn cadw dyn a chymdeithas yn sownd yng nghors ein cyntefigrwydd anwaraidd o hyd. Dywedwn eto fod pob un sy'n aberthu dros unrhyw argyhoeddiad yn rhwym o glymu offrymau eraill wrth yr allor.

Bûm yn siarad yn ddiweddar â rhai mamau y mae eu plant wedi gwneud gweithred symbolaidd dros Gymru, ac fe sylweddolais fel yr oedd pob un o'r gwragedd hyn yn rhan o'r offrwm dros ein hiaith a'n bodolaeth. 'Roedd

marciau'r allor ar eu talcennau ac ôl yr aberth yn eu llygaid. Mae bod yn Gymry yn werth mwy o lawer i rai pobl nag i lawer eraill ohonom, hyd y gwelwn.

A 'does dim wedi profi hyn yn fwy yn ddiweddar na chais Pwyllgor Addysg Powys i reibio Wayne o'i swydd a beichio ei anwyliaid, rhoi'r groes ar ysgwydd y bychan newydd-eni fel petai. Nid oes gan y genedl hon elynion ffieiddiach na'r bobl sy'n fodlon gwneud penderfyniadau cyhoeddus sy'n

ddim arall ond mynegiant o'u rhagfarn a'u creulondeb hwy eu hunain. Dyma olynwyr naturiol y gormeswyr hynny gynt a wnaeth ddiffetha babanod diniwed yn gyfraith gwlad. Mae'r mentaliti a gosbodd Saunders Lewis yn Abertawe gynt yn parhau'n rym yn y tir, mae'n amlwg. Diolch i'r Fonesig Hooson am ei safiad. Na chwerwed Wayne Williams oherwydd yr anfadwaith, a Duw a noddo ei briod a'r bychan diniwed yn hyn o sefyllfa.

195. *Barn*, Hydref a Thachwedd, 1981. Mae Rhydwen yn nodi ei fod yn ysgrifennu nodiadau golygyddol i'r cylchgrawn o'i wely cystudd yn yr ysbyty, ac mae'n diolch i'w ffrindiau, wedyn, am ei gynorthwyo i gynnal y cylchgrawn yn ei absenoldeb.

196

Carwn ddiolch i'r holl gyfeillion caredig sydd wedi anfon llythyrau, cardiau, ffonio, ac ymweld â mi yn yr ysbyty. Carwn iddynt dderbyn dros dro hyn o gydnabyddiaeth. Trwy drugaredd, 'rwy'n gwella bob dydd, ac yn sylweddoli gymaint sydd gennyf i fod yn ddiolchgar amdano. Ar ben y cwbl, mor amhrisiadwy yw cyfeillion da a ffyddlon.

Mae dyletswydd arnaf hefyd i gydnabod teyrngarwch fy nghyfeillion o Gylch Cadwgan — y Dr J. Glyn Griffiths, y Dr Kate Bosse Griffiths, a'r Dr W. T. Pennar Davies, am frysio i'm cynorthwyo i ddwyn BARN o'r wasg, ac mae'r rhifyn presennol gryn dipyn yn gyfoethocach o ganlyniad. Carwn hefyd gydnabod ffyddlondeb fy nghyfaill, Syr Alun Talfan Davies, sydd wedi teithio milltiroedd at fy ngwely, ac wedi dangos gofal sy'n troi'n wir galondid ac ysbrydiaeth.

196. Mewn colofn olygyddol yn *Barn* y mae Rhydwen yn diolch i'w gyfeillion am ei gynorthwyno i gynnal y cylchgrawn yn ystod ei waeledd.

197. Saunders Lewis.

'Creodd gyffro drwodd a thro yn ystod ei yrfa. Daeth crefyddwyr o bob carfan, gwleidyddion o bob plaid, ac ysgolheigion o bob tueddiad i lenwi eu cawgiau â'i waed, ond y mae eu clefyddau wedi hen rydu ar faes brwydrau'r gorffennol a'r unig gyfrif ohonynt yw'r 'beddau a'u gwlych y glaw'. Pendefig o ddyn ydoedd yn feddyliol ac ysbrydol, er fe all nad yr esmwythaf i gael eich derbyn ganddo bob amser. Oedd, yr oedd yn gyfeillgar a chwrtais, ond ni chynigiai i neb gyfeillgarwch syml ar ei ben. Golygai bod yn ei bresenoldeb ac edrych ym myw ei lygaid brofiad fel ymddinoethi a sefyll archwiliad ar dro; eto i gyd, yr oedd yn amhosibl ymadael ag ef ar ôl seiat fer hyd yn oed heb deimlo i'r byw i ni fod yng nghwmni un o ragorolion daear ac un o wŷr mawr ein cenedl.'

Rhydwen Williams, yn ei nodiadau golygyddol,
yn y rhifyn Coffa i Saunders Lewis, Hydref, 1985.

197

198

198. Stuart Burrows, hen gyfaill i Rhydwen ers dyddiau teledu Granada, yn ymweld â'r golygydd wrth iddo wella o'i salwch ym 1984.

199

IN MEMORIAM — 1925-1984
(Ar ôl oedfa-goffa Richard Burton ym Mhontrhydyfen)

'Roedd Pontrhydyfen fynyddig
    yn gyrchfan i'r holl fyd;
gwyrdd oedd y fro, ond gweddw,
    a'r ffurfafen las yn fud;
anwylyn pobl a aeth o'n plith,
    a dagrau'r golled rif y gwlith.

Y genedl yn ei lygaid
    yn drech na pob rhyw drais,
a Chymru'n gwisgo'i choron
    yn hyfryd yn ei lais;
rhoes i wyleidd-dra gwerin dlawd
    ryw urddas newydd drwy ei rawd.

O linach hir fforddolion
    twymgalon yr hen gwm,
'roedd osgo tywysogion
    i 'sgwyddau'r llencyn llwm;
croesawodd cyfandiroedd byd
    athrylith hwn yn wên i gyd.

Mwyach, ni chaiff y ddaear
    ei bresenoldeb braf;
aeth gwanwyn dawn yn aea',
    a hydref wedi'r haf;
diffoddwyd golau'r llygaid mawr
    a distaw iawn yw'r 'llais' yn awr.

Bydd wag y llwyfan hebddo
    a gwacach fyth y sgrîn —
oes dan y goleuadau
    cyn ffoi tu hwnt i'r ffin!
Ond ni chaiff yr hen Angau hyll
    ei guddio rhagom yn y gwyll!

Bydd plant y cwm yn cofio
    y crwt a aeth yn gawr,
a phlant bach yn Biaffra
    yn cofio'i galon fawr;
a thra bydd sêr uwch Pontrhyd'fen,
    bydd cofio hwn ym Mhontrhyd'fen!

Rhydwen Williams

199. Cerdd Rhydwen er cof am Richard Burton. Ymddangosodd y gerdd yn *Barn* ym 1984.

200. Rhydwen y golygydd, wedi iddo wella o'i salwch.

201. *Barn*, Gorffennaf 1986, Rhif 282. Y rhifyn olaf o'r cylchgrawn dan olygyddiaeth Rhydwen. Mae'n nodi hynny yn ei nodiadau golygyddol.

200

201

Pan ddaw'r rhifyn hwn allan, byddwn yn cwblhau pum mlynedd yn y gadair olygyddol ddifyr-anesmwyth hon. Hwy o lawer nag a fwriadwyd nac a dybiwyd yn bosibl gennym. Yn wir, nid ein gwahodd yn gymaint â'n gwthio iddi a gawsom, dim ond i'r cyfrifoldeb droi'n therapi mewn argyfwng maes o law.

Felly, wedi profi hwyl a syrffed, llawenydd a lludded, trwy drugaredd daeth golwg dros y proflenni olaf. Gwnawn hynny'n eiddgar ddigon, yn wir, ond nid cyn diolch i bawb a fu'n gymaint help trwy gynorthwyo a chyfrannu — Christopher Davies a'i staff yn Llandybïe, y Parchedig Gomer M. Roberts a'r Prifardd Alan Llwyd yn arbennig.

Gwelodd nifer helaeth o feirdd a llenorion gorau'r genedl yn dda i gyfrannu i *Barn* yn ystod y cyfnod hwn, a diolchwn o galon iddynt am eu cymwynas.

Trosglwyddwn y gwaith yn awr i ofal Mr Robert Rhys, gŵr o ysgolhaig nad oes raid iddo wrth lythyrau cymeradwyaeth gan neb. Mawr hyderwn y derbyn bob cefnogaeth ac y caiff flas mawr ar y gwaith.

11. Anrhydeddau

202. Rhydwen yn cael ei ddyrchafu'n Rhyddfreiniwr Y Rhondda ym 1975. Gydag ef yn y llun y mae'r actores Rachel Hywel Thomas sydd yn eistedd nesaf ato, ac yn y cefn o'r chwith i'r dde y mae John Hefin, Glyn James, Ray Smith, Howys James, Glyn Jones a Mark Burrows.

203. Derbyniodd Rhydwen radd er anrhydedd gan y Brifysgol Agored ym 1983. Yn y rhes flaen o'r chwith y mae Rhydwen, Dr J. H. Harley, Is-ganghellor y Brifysgol Agored, a Dr Harford Williams o'r Brifysgol Agored.

204. Rhan o araith y Dr Terry Thomas wrth iddo gyflwyno Rhydwen i'r Brifysgol Agored ar achlysur ei raddio gyda gradd er anrhydedd am ei waith fel llenor yng Nghymru.

203

202

204

Wrth glodfori Rhydwen Williams, rhaid bod yn ofalus. Rhaid ymgroesi rhag gweniaith, rhaid gochelyd rhag y gau a'r ffug, yn enwedig i rywun fel fi sy'n euog o 'academig fyfyr'. Wrth olrhain gwreiddiau'r awen ynddo, rhaid ystyried nid yn unig ffresni barddoniaeth ei genhedlaeth, sef cenhedlaeth Euros Bowen, Kitchener Davies, J. Gwyn Griffiths, a Phennar Davies, nid yn unig ei dras Ewropeaidd a'i athro yn yr awen, R. Williams Parry, ond hefyd barabl naturiol cymdeithas Gymraeg y 'gweithe', a diwylliant pobl fel ei Ewyrth Siôn, realiaeth cymdeithas yn byw ŵyneb yn ŵyneb â thrasiedi, a phetai chi ddim yn chwerthin yn ŵyneb hyn a herio'r galluoedd yna man a man i chi fynd i waelod Pwll y Pentre ac aros yno yn ddall, yn fyddar ac yn fud. Nid felly'r gymdeithas honno, ac nid felly Rhydwen. Heriodd, ac mae'n dal i herio, y galluoedd i gyd, gwleidyddol, cymdeithasol a llenyddol. Cyflawnodd ei uchelgais er gwaethaf y rhwystrau, ymfudo i Gaer, a'r Ail Ryfel Byd, pan oedd colli'r cyfle cyntaf yn rhy aml yn gyfystyr â cholli cyfle yn gyfan gwbl. Heddiw yr ydym yn anrhydeddu gŵr a enillodd ei radd droeon a thro.'

205

206

205. Derbyniodd Rhydwen Wobr Goffa Daniel Owen ac yna Wobr Cyngor Celfyddydau Cymru am y nofel orau ym 1986 am ei nofel *Amser i Wylo*.

206. Achlysur cyflwyno'r gyfrol *Rhondda Poems*, cyfrol o gerddi yn Saesneg gan Rhydwen, i'r awdur gan gynrychiolwyr o'r awdurdod ym 1987. Y mae Margaret, gwraig Rhydwen, yn sefyll ar y chwith.

207

207. *The Miners*

As silent as birds
they stand on a rock in the rain,
a sad battalion
to do battle, without arms,
without hope, and the morning's chill
as sharp as bayonets
challenging their hurt and hunger.

The same tussle,
generation after generation, only that
the faces are new;
the same old enemy
that confronted their fathers, only
the subterfuge is different.

These are the men
who descend the pit's grim groin
for our civilised comfort.
We deny them their due.
We send the law, as determined as hounds,
to pursue them . . .
just like the soldiers
around Golgotha long ago.

Don't go down again, Dai –
let *us* feel
one twinge of the indignity!

Cerdd Rhydwen o'i gyfrol o farddoniaeth yn Saesneg,
cyfrol a gyflwynodd er cof am Thomas a Margaret
Williams a Thomas a Catherine Davies, 'Pobl y Cwm',
sef *Rhondda Poems*, Christopher Davies, 1987.

208

208. 1990. Rhydwen yn cael ei groesawu i'w anrhydeddu gyda gradd M.A. er anrhydedd Prifysgol Cymru gan yr Arglwydd Cledwyn, am oes o lenydda disglair.

Rhan o araith swyddogol yr Athro Bedwyr Lewis Jones wrth iddo gyflwyno Rhydwen ar gyfer y radd Athro yn y Celfyddydau er anrhydedd gan Brifysgol Cymru:

'Mae amrywiaeth yn ei waith. Mae nofelau crafog yn cael hwyl am
ben byd Teledu a Gorsedd y Beirdd. Mae cerddi tynnu coes. Ond calon ei waith yw ei deyrngedau, mewn nofel ac mewn cerdd, i Gwm Rhondda ddoe. Mae elfen hunangofiannol gref yn y nofelau, mae tynerwch lleddf wrth gofio'r gymdogaeth dda, mae edmygedd cynnes o'r glowyr a'u gwragedd, mae ffyrnigrwydd hefyd wrth feddwl am yr annhegwch a'r gorthrwm – yn ei drioled o nofelau, *Cwm Hiraeth*, lle mae'n adrodd stori tair cenhedlaeth yn Y Rhondda o ddechrau'r ganrif trwy'r Rhyfel Mawr a chwalfa'r Dirwasgiad; yn *Amser i Wylo*, darn o ffuglen ddogfennol ysgytiol am drychineb Senghennydd. Mae'r nofelau'n darllen yn dda. Maen nhw hefyd yn ddarlun cymdeithasol o bwys yn Gymraeg. A'r cerddi. Molawdau braf yw'r rheini i wyrddni'r Rhondda cyn y diwydiannu mawr; molawdau hefyd i'r bobl hynny yn y Cwm a fynnodd gadw ffynhonnau dynoliaeth yn lân yn wyneb pob llygredd a cham. Mae huodledd byrlymog y cerddi yma yn eich dal chi.'

12. Y Dyddiau Olaf

209.

210.

209. Symudodd Rhydwen a'i deulu i 30 Heol Llewellyn, Trecynon (y tŷ yn y canol) ym 1970, ac yno y bu'n byw am weddill ei oes.

210. Aeth Huw, mab Rhydwen, o'r nyth, ac ar ôl cyfnod yn y Gogledd, prynodd lecyn tawel ym Mhenderyn, uwchlaw Hirwaun. Tyfodd yn artist yn ei rinwedd ei hun, yn arlunydd o fri.

211. Paentiwyd y darlun hwn o Rhydwen mewn olew gan ei fab Huw pan oeddynt yn byw ger Abertawe yn y chwedegau.

211.

212. Rhydwen gyda'i wraig Margaret a'u mab Huw y tu allan i'w cartref yn Llewellyn Street, Trecynon, ym 1987.

213. Cyflwynodd Rhydwen y llun hwn ohono i'w hen ffrind ers dyddiau Caer pan oeddynt yn byw drws nesaf i'w gilydd yn Hoole, sef Mair Môn (y delynores) i gyfarch y flwyddyn newydd ym 1988.

213

212

Y 'Gagi' a nodir yn llawysgrifen Rhydwen ar waelod y llun oedd mam Mair Môn, y gymdoges annwyl a oedd yn byw drws nesaf i deulu Rhydwen wedi iddynt symud i Gaer o'r Rhondda yn ei ieuenctid. Y mae gan Rhydwen gerdd er cof am Gagi yn ei Gasgliad Cyflawn. Dyma ran o'r gerdd honno:

> Ei rheswm oer a'i chalon dân
> oedd goleudy ein hieuenctid drycinog;
> lle yr oedd hi, 'roedd ei llewych
> yn dyst i'r efengyl a llafar i'n diwylliant;
> y mae ei cholli heddiw'n friw
> fel colli Tryweryn dan y dŵr.

> Annwyl, annwyl oedd hi, a'i barn
> mor gadarn â'r graig ac mor dyner â'r gwlith,
> heb niweidio neb a gwenwyno dim;
> ac yr oedd ei hymgeledd yn dangnefedd dwfn
> lle y cafodd llong ein llencyndod fwrw angor.

214

214. Rhydwen, yn 80 oed, gydag un o'i gyfeillion mawr, y chwaraewr rygbi Barry John. Mae Rhydwen yn labelu'r llun yma yn ei albwm: 'Yn cael ychydig o dips!'

> Gornest ydoedd ar gyrion gorfoledd a thu hwnt i boen,
> cnawd ac esgyrn yn cynganeddu'n gerdd
> o rithmau mawreddog, a'r dehongliad
> ar gadw fel perl mewn iaith, 'cilcyn o ddaear',
> cenedlgarwch, brawdgarwch, a chrys coch!

'Barry John', *A'r Mwyaf o'r Rhai Hyn*.

215. Rhydwen gyda'i wraig Margaret a'u cyfeillion mawr Hubert a Beryl Thomas y tu allan i'r tŷ yn Llewellyn Street, Abercynon, ym 1987. Yr oedd Hubert, arbenigwr ar ffitrwydd, yn gymorth i Rhydwen, ar un adeg, wella o ddamwain.

216. Rhydwen a Margaret gydag aelodau o deulu Richard Burton.

216

215

217. Gwyliau gerllaw Dartmouth. O'r chwith i'r dde, Margaret gwraig Rhydwen, y bardd ei hun, a Beryl Thomas, gwraig Hubert, cyfeillion agos iawn ers cyfnod Pont-lliw.

218. 'Dim ond ers saith mlynedd y ces i'r cyfle i'w nabod yn bersonol, a hynny wedi iddo ddod i Rydfelen i weld perfformiad o'r ddrama – gerdd *Kitch*. Yr adolygiad gorganmoliaethus yn dilyn a'r alwad ffôn yn ei sgil, 'Fachgen, bachgen – dere i 'ngweld i'. A'r wên yn y llais yn goleuo'r dydd. Iddo ef, roedd gweld portread Daniel Evans o Kitch wedi agor drysau'r cof ar gyfnod arbennig yn ei fywyd a oedd mor real bob tamaid â'r ddrama a berfformid o'i flaen. A nodwedd hardd ei bersonoliaeth fawr oedd ei barodrwydd i rannu cof y gorffennol gyda'r cast ifanc a throi profiad dramatig iddyn nhw yn asiad o ffantasi a realiti a chroesi'r ffinie metamorffaidd hynny y mae pob actor, boed amatur neu broffesiynol, yn dyheu am eu croesi. Dyfan Jones, Aberdâr, yn actio rhan Rhydwen yn siarad â Kitch, a llygaid-gweld-popeth Rhyd yn y gynulleidfa yn cronni gyda'r emosiwn hydreiddiol yna oedd gyda fe, yn estyn allan a'n cyffwrdd ni i gyd.'

John Owen, yn ei erthygl, 'Rhyd', *Taliesin*, Hydref 1997.

219. Ger Gwesty'r Mount Pleasant ym Mhenderyn, yn y nawdegau
cynnar. Ar y chwith y mae Barry John, ac ar y dde Rhydwen.

220. Tynnwyd y llun hwn o Rhydwen ym 1992 pan berfformiodd
plant Ysgol Gyfun Gymraeg Rhydfelen ei waith. Rhoddwyd y llun yn
anrheg i John Owen fel cyfarwyddwr y cyflwyniad gan y
ffotograffydd.

220

219

221. Rhydwen y tu allan i westy'r Tynewydd, uwchlaw Hirwaun, i longyfarch ei gyfaill Hubert Thomas. Yr oedd Hubert yn cyflwyno siec i Barry John, cyfaill mawr arall i Rhydwen, wedi i Hubert seiclo o Abertawe i Harefield i godi arian ar gyfer cronfa 'Multiple Sclerosis', yr ysbyty yn Harefield, Awst 1989.

222. Rhydwen gyda'i fab Huw a'i gyfaill Hubert Thomas, yng ngerddi Dyffryn ym 1989.

223. Rhydwen gyda Hubert Thomas a chyfaill mawr arall iddo, sef Eric Ellis, y cyn-drefnydd drama (ym mlaen y llun), yng ngwesty'r Schooner, Abertawe, ym 1990.

222

221

223

Marged Rhydwen

Nid oes priodas heb bryder – dewr ydyw
Rhydwen drwy ei dewrder:
Daw o'i harcholl ei holl her
A'i wellhad o'i holl lewder.

Alan Llwyd

Cerddi Alan Llwyd 1968-1990: y Casgliad Cyflawn Cyntaf,
Cyhoeddiadau Barddas, 1990.

Rhydwen

Hwn yw'n llenor diorwedd, – diarbed
Er dirboen a llesgedd:
Un na fyn i'w awen fedd,
Un hyblyg ei anabledd.

Alan Llwyd

*Cerddi Alan Llwyd 1968-1990:
y Casgliad Cyflawn Cyntaf.*

224

224. Llun o Rhydwen a'i wraig
Margaret a dynnwyd gan Phillip Jones
Griffiths, Efrog Newydd, ym 1994.

225. Er heneiddio'n rhinweddol
    Ni ddaw'n breintiau'n iau yn ôl,
    Ond cedwi di, yn dy wên,
    Ddireidi dy ddoe, Rhydwen,
    A thrwy amarch dy archoll
    Cedwi dy ieuenctid oll.

    Drwy roi nod ar oriau'n hoes
    Yr hwyhawn ddyddiau'r einioes;
    Ymestyn y mae ystyr
    Led a hyd y bywyd byr:
    Estynnaist d'oes dy hunan
    Trwy drechu'r gwewyr â'r gân.

Am warchod a chofnodi,
Enaid dewr, mae gennyt ti
Yn llyfr arwriaeth a llên
Dy waedoliaeth dudalen:
Rhydwen, wyt fawrhad i'n hiaith,
Orffews yr awen berffaith.

'Rhydwen', Alan Llwyd, *Cerddi Alan Llwyd 1968-1990: y Casgliad Cyflawn Cyntaf.*

226. Rhydwen gyda'i wraig Margaret.

226

225

227

228

227. Roy Noble. Bu Roy a'i wraig, Elaine, yn gymdogion a chyfeillion mynwesol i Rhydwen a Margaret yn ystod y dyddiau cystudd olaf yn Nhrecynon. Dewiswyd Roy i ddweud gair o brofiad yn angladd Rhydwen.

228. Y 'snyg', ystafell Rhydwen, gyda'i lyfrau a'i geriach o'i gwmpas, a chadair i'r ymwelwyr cyson, yn y dyddiau olaf pan orfodwyd iddo ymneilltuo i'w wely. Ysgrifennodd a chwmnïodd gryn lawer yn yr ystafell fechan hon. Yr oedd y wên, y chwerthiniad, y ffraethinebu, yr atgofion, y sylwadau treiddgar, y feirniadaeth lem, y meddwl mawr ar waith trwy'r amser. Ac yr oedd y caredigrwydd, yr ysbrydoli, a'r anwyldeb yn treiddio trwy'r cyfan yn ddi-baid.

'The 'study' is snug – a well-feathered nest made for an early bird. Next to it, the bard favours the 'kitchen' – where a good cook leaves aromas of splendid fare as agreeable as incense to a papist. Two solid desks, a word processor, phone, reams of paper and a bed alongside – 'make life easier for my slightly battered, yet unbeaten body.'

Up with the dawn, Rhydwen Williams's prolific diligence continues . . .'

O'r gyfrol, *Rhydwen Williams*, Donald Evans, yn y gyfres 'Writers of Wales', Gwasg Prifysgol Cymru, 1991.

229. Ganed Robert Rhydwenfro Williams yn Pentre, Y Rhondda, ar y nawfed ar hugain o Awst 1916. Bu farw ar yr ail o Awst 1997. Ar ôl gwasanaeth yn y tŷ yn Heol Llewellyn, Trecynon, aethpwyd â'i gorff i amlosgfa Llwydcoed, ger Aberdâr, ac fe daenwyd ei lwch ar fynydd y Rhigos.

230. Rhan o deyrnged y Prifardd W. J. Gruffydd (Elerydd) i Rhydwen, a ymddangosodd yn *Seren Cymru*.

229

230

GWEISION DUW gan W.J. GRUFFYDD

Gwelais y Bardd yn lled-orwedd ar lawr carped ei stydi, fel rhyw oracl o'r Dwyrain Canol yn myfyrio ymhlith ei lyfrau. Estynnodd ei law: 'Priodas dda i ti. Rho help i fi godi. Wyt ti'n gweld 'mod i ar y carpet'.

Anrhydedd oedd cael rhoi cymorth i'r Prifardd godi ar ei draed. Hwn oedd y tro cyntaf imi gyfarfod â Rhydwen, heb freuddwydio y buaswn ddwy flynedd ar bymtheg yn ddiweddarach yn un o ddau feirniad a ddyfarnai iddo goron Eisteddfod Genedlaethol Abertawe am ei bryddest i'r 'Ffynhonnau'.

Yn ddiweddarach galwodd y Bardd yn River View, a bu trafodaeth rhyngddo ef a'r gwragedd yn y gegin gefn cyn iddo ddod at Wncwl John a minnau yn yr ystafell ffrynt.

'Gwrando Dybliw Jei. Rwy'n deall fod Jane yn aelod yng nghapel Dafydd Morgan y Diwygiwr yn Ysbyty Ystwyth. Ma' Bedydd ym Methania fore Sul, a rwy'n meddwl y carai dy wraig fach di gael ei bedyddio'.

Diolchais iddo. Yr oedd y mater wedi cael ei drafod, ac Anti Mary wedi gofalu am ffrog Fedydd i Jane. Teimlwn yn llawen iawn. Ond yr oedd gan y Bardd fargen arall i'w tharo. Trodd ataf a gwên ar ei wyneb: 'Rwy'n bedyddio Jane ar yr amod dy fod ti yn rhoi pregeth cyn y Cymun yn oedfa'r hwyr'.

231

SEREN CYMRU
WYTHNOSOLYN Y BEDYDDWYR

YR ARGLWYDD IESU

Cyf. 4092   Gwener, Medi 19. 1997   Pris — 35c

EURFRYN GRIFFITH DAVIES YN CADW ADDEWID
Teyrnged i RHYDWEN WILLIAMS

I fod yn llythrennol gywir, Robert Rhydwenfro oedd yr enw a roddwyd arno – er côf am ewythr ei fam a fu farw o'r colera tra yn gweinidogaethu gyda'r Annibynwyr yn Nhredegar, ganol y ganrif ddiwethaf. Fel Bob bach yr adnabyddid ef yn nyddiau cynnar y Rhondda ac yng Nghaer fel Rhydwen ac i'r llu a'i hadnabu.

Y tro diwethaf imi alw i'w weld dywedais yn ddireidus wrtho, ''rwyn gweld ichi'n dal i gofio am bawb yn y 'Seren' Wilias, pwy wnaiff i chi dwedwch? 'Fydd rhaid i ti wneud' oedd ei ateb.

O ddyddiau ei blentyndod dim ond un peth aeth â'i fryd, bod yn weinidog yr Efengyl. Nesaf peth i ddim oedd pan ddechreuodd gymeryd rhan yng nghyfarfodydd yr Ysgol Sul, 'pen cwarter' fel y'i

galwyd hwy. Soniodd wrthyf am ei ddyled i'w hen weinidog y Parchg. Robert Griffiths, Moreia, Pentre, a

fyddai'n annog y plant i gymeryd rhan yn gyhoeddus ac fel y byddai'n penlinio wrth ymyl y bechgyn ac yn eu cynorthwyo i gyfarch gorsedd gras.

Yn ei arddegau bu'n gweithio ym Mae Colwyn, a thra yno llwyddodd yn yr arholiad 'A'. Wedi cwrs yn ysgol Powel Griffiths, y Rhos, yn dysgu dipyn (ei eiriau ef), o Roeg a Lladin, daeth i Fangor lle ceisiodd ddilyn cwrs yn y Gymraeg yn ogystal â phynciau diwinyddol. Ni fu ei arhosiad yn hir. Wedyn ceisiodd ddilyn cwrs yn Abertawe. Erbyn hyn torrodd y rhyfel allan.

Gwrthwynebai ryfel ar sail ei Gristnogaeth a bu ar ddechrau'r cythrwfwl yn gwasanaethu yn Lerpwl gydag uned ambiwlans o eiddo'r Crynwyr. Bu'n adeg dyrus iddo a dweud y lleiaf cyn gwelwyd llaw Rhagluniaeth o'i blaid. Derbyniodd alwad i wasanaethu eglwys Ainon Ynys-hir, y Rhondda. Ordeiniwyd ef i'r weinidogaeth yno yn Ebrill 1941.

O'r diwedd, yr oedd yn ôl yng Nghwm Rhondda. Er i'w deulu dderbyn croeso

(parhad ar dud. 8)

231. Rhan o deyrnged Eurfryn Griffith Davies, Llandegfan, cynysgrifennydd Nebo Newydd, Cwm Dâr, i Rhydwen, a ymddangosodd yn *Seren Cymru*.

232. Rhan o deyrnged Meic Stephens i Rhydwen, a ymddangosodd yn *The Independent* ar Awst 7, 1997.

233. Teyrnged Falmai Puw Davies i Rhydwen, a ymddangosodd yn *Seren Cymru*, Medi 19, 1997.

233

Seren Cymru Gwener, Medi 19, 1997   5

O 'STEDDFOD GENEDLAETHOL BRO MEIRION YN Y BALA I AMLOSGFA LLWYDCOED ABERDÂR I GOFIO CYMWYNASWR

Codi'n blygeiniol yn ôl ein harfer fore Llun am bump, Terry'n ymlwybro i goedwigoedd Morgannwg, minnau'n ymlwybro i lwydcoed Aberdar i angladd ffrind. Mynd jest i ddweud diolch unwaith eto wrth Rhydwen. 'Roedd y tro hwn serch hynny'n wahanol – gwahanol iawn gan mai hwn oedd y tro ola'. Braint oedd bod yno, braint fel aml un arall na fedrwn osgoi. Bu'n arwr mawr i mi o'm hieuenctid – ond bu ei nabod yn realaeth. Llefarydd cyfaredd, boed mewn sgwrs, mewn stiwdio ar lwyfan neu mewn pulpud.

Troi i mewn i ddistawrwydd 'stafell fechan – y wal wen a thu ôl yr allor fel pe bai cerrig yr afon yn dringo i ben nenfwd yr adeilad modern oer – fel y bydd amlosgfeydd. Dynion yn eu du – a merched hefyd. Y cyfarwydd a'r anghyfarwydd, y cyffredin a'r anghyffredin. Doed 'o' ddim yno ond am amryw resymau ac un anghyffredin – disgwiliwn glywed ei lais ac fei clywais droeon yn tarannu 'Gwrandewch . . . ie ac eto . . . Gwrandewch' le cyfeiriodd y Prifardd mawr am yr iaith yn 'iau ar ein

gwarau . . .' mor wir y dywedodd.

Yn narlun byw teyrnged Roy Noble o Rhydwen – fe'i cofiais yn fyw iawn; fe deimlais golled fawr iawn, a gwyddwn hefyd fod y ffynhonau'n fyw iawn. Gallwn uniaethu â theimladau sensitif Roy Noble wrth gloi gan ddweud – mai un peth fu'n edifar ganddo a hynny oedd na fuasai wedi ei adnabod yn gynt mewn bywyd. Y cymeriad cynnes, gwennol, real o Gymro a greai ias ynom o'i leferydd mewn sgwrs, ar lwyfan sgrin a phulpud a chodi calon a chwerthin ym mhob sgwrs gaed. Chlywais i 'rioed o'r blaen chwerthin cynulleidfa mewn angladd; chwerthin iach o'r cofio euraidd pan ddoi teyrnged Roy Noble a Rhydwen yn fyw i'n cof – a chofio

'Beth yw adnabod?
Cael yn gwraidd dan y . . .

Bu dewrder y bardd bregethwr yn ei gaethiwed yn ddewrder na allai neb ei wynebu heb y Duw mawr – a diolchwn iddo am roi ysbryd iach, cryf, cyhyrog a direidus i Rhydwen ar hyd y daith.

Ŵyr neb am y loes a'r amser caled fel Margaret. Wyr neb am golli tad fel Huw

Rhydwen ac ni ŵyr neb am golli taid fel Siôn. Ond fe wyddom ni fel cenedl golli cawr o fardd, actor wrth reddf, llefarydd y clywn ei lais fyth a gwas di-hafael i'r Arglwydd.

Collwyd yn amlwg ffrind a chymydog da, ac un a fu mor ddi-rwgnach drwy galedi hir ac a allodd ddeud yn ei eirie ola – 'wi'n teimlo'n marvelous' Dyma yw teimlad pawb sy'n mynd gartre Felly cyfeiriodd y bardd yn ei gerdd fendigedig am ddwy chwaer yn 'dyfod adre' yn 'Dychwelyd'.

Diolch Rhydwen am adael cysgodion godidog ar ôl, am osod esiampl sut i frwydro mewn anhawsterau, am adael cyfrol gyfoethog i ni un ag oll yng Nghwm Hiraeth. Diolch hefyd am yr eco o'r llais godidog hwnnw'n traethu ac yn dweud 'Daliaf i gredu pan ddaw Cymru'n ol yn ei grym – yma y daw hi yng Nghwm Rhondda' – brysied y dydd.

Yn Ymryson y Beirdd ym Mhrifwyl y Bala wedi'r newyddion ein cyrraedd dwedwn oll gyda'r Prifardd Iwan Llwyd:
I Rhydwen

Daw'r enaid drwy y driniaeth – mae o hyd
Yma hael gwmniaeth
Ni cheir na chystudd na chaeth.
Heddiw yng nghwm Hiraeth.

FALMAI PUW DAVIES

232

Rhydwen Williams

Rhydwen Williams was a writer of prodigious, even prodigal talent who, contrary to the Welsh literary stereotype, wrote mainly about industrial and urban South Wales, in particular the Rhondda Valley where he was born, a miner's son, in 1916.

His trilogy of novels, *Cwm Hiraeth*, generally thought to be his finest achievement in prose, is based on the story of his own family over three generations, and has some claim to be the most outstanding example in Welsh of the *roman-fleuve*. The first, *Y Briodas* ("The Wedding", 1969) deals with life in the Rhondda in his parents' day, from 1900 to 1915, when the valley was a cauldron of industrial unrest which was to boil over in the Tonypandy Riots of 1910.

In *Y Siol Wen* ("The White Shawl", 1970) he described the General Strike of 1926 and in *Dyddiau Dyn* ("A Man's Days", 1973), the economic depression which ravaged South Wales in the 1930s. These events are seen through the eyes of the author's Uncle Sion, a poet and thinker who turns against the chapel and the Lib-Labbery of William Abraham (Mabon), the Rhondda miners' leader, to embrace socialism and the ideals of the South Wales Miners' Federation, only to grow disillusioned and bitterly opposed to the materialism of the Labour Party and the hegemony of its local representatives.

Williams's birth and family background in the Rhondda, the

most famous of the coal-bearing valleys of South Wales, marked him indelibly and, although he was to spend the years from 1931 to 1941 away from the valley, notably at Christleton in Cheshire, to which his parents had moved in search of work and where he was intensely unhappy, it was to the Rhondda that he returned in his imagination and there, in 1941, that he was given his first pastorate – at Ainon, a Baptist chapel in the mining village of Ynys-hir.

His five years at Ynys-hir were the making of him as a poet. Hitherto he had worked at a variety of menial jobs and studied intermittently at the University Colleges of Swansea and Bangor. A conscientious objector on Welsh Nationalist grounds, he had served for a while with a Quaker ambulance-unit during the bombing of Liverpool. Of a rebellious nature, he was often in trouble with his denomination on account of his pacifism, political nationalism, unorthodox theological views, and Bohemian life-style. He had a fondness for good wine, expensive restaurants, fast cars, the theatre and good company into old age, and his profligate attitude to money was legendary. But the call to the Christian ministry had always been strong in him and, blessed with good looks and a voice that were compared with Richard Burton's, he became a powerful preacher and a gifted reader of poetry on the Welsh Home Service of the BBC.

234 Yr olygfa o ben y Rhigos yn edrych i lawr tua Threherbert, Ynys-wen a Threorci. Ymhellach i lawr y cwm y mae Pentre, lle ganwyd a magwyd Rhydwen. Yr oedd y llecyn hwn yn agos at galon Rhydwen. Yma y taenwyd ei lwch gan ei fab Huw.

234

Rhigos

Unwaith, pan oedd y ddaear
    yn ddim ond môr ar hynt,
a llynnoedd oedd y lleuad,
    argaeau oedd y gwynt;
neidiodd y don i'r nefoedd,
    dringodd yn uwch fel draig,
parlyswyd crib yr alpau,
    a cherfiwyd grym y graig.

Un awr, un awr gofiadwy,
    a'r byd yn ddim ond ôd,
daeth mawnog a daeth mynydd,
    a'r afon feddw i fod.
Hen fardd a welodd fawredd
    ym mhlygion oer yr iâ,
a'i ganu'n goed a blodau –
    gydymaith, llawenha!

Y Casgliad Cyflawn, 1941-1991.

235. 'Y llygaid o gylch fy ngeni sydd wedi hen ddiffodd ond yn fy meddwl i. Y llygaid yn y gwrychoedd ar lan yr afon a rhwng dail y coed pan oeddwn i'n grwt ar goll ar Gadwgan. Y llygaid blaenor. Y llygaid plismon. Y llygaid athro. A llygaid hen fodryb fusneslyd. Y llygaid ysgol gneud syms. Y llygaid rho-imi-gusan-dan-y-ddesg. Y llygaid Sabothol ym Moreia pan oedd y gweinidog yn ei hwylie mawr. Y llygaid gwallgo yn yr afon. Y llygaid angladd.

Y llygaid carnifal. Y llygaid newynog. Y llygaid nwydus. Y llygaid mewn arch. Y llygaid deryn-mewn-nyth. Y llygaid yn y tân. Y llygaid cath-ar-y-ffendar. Y llygaid broga-yn-yr-ardd. Y llygaid malwoden-ar-y-wal. Llygaid llygaid llygaid! Na, wnân nhw fyth ddiffodd. Nes ddiffodd o'r ddau lygad hyn, mae'n siŵr.'

235

Gorwelion.

Cyhoeddiadau

BARDDONIAETH

Cerddi Cadwgan. Gwasg Cadwgan, 1953. (Rhydwen Williams,
   D. R. Griffiths, Gareth Alban Davies a J. Gwyn Griffiths).
Ar y Cyd. Gwasg y March Gwyn. (Rhydwen Williams,
   Huw T. Edwards, Mathonwy Hughes a Gwilym R. Jones).
Barddoniaeth Rhydwen Williams. Christopher Davies, 1965.
Y Ffynhonnau a Cherddi Eraill. Christopher Davies, 1970.
Y Chwyldro Gwyrdd. Christopher Davies, 1972.
Ystlumod. Christopher Davies, 1975.
Dei Gratia. Cyhoeddiadau Barddas, 1984.
Ys Gwn I a Cherddi Eraill. Cyhoeddiadau Barddas, 1986.
Pedwarawd. Cyhoeddiadau Barddas, 1986.
Rhondda Poems. Christopher Davies, 1987.
A'r Mwyaf o'r Rhai Hyn. Cyhoeddiadau Barddas, 1990.
Barddoniaeth Rhydwen Williams: Y Casgliad Cyflawn, 1941-1991.
   Cyhoeddiadau Barddas, 1991.

RHYDDIAITH

Cwm Hiraeth. Y Briodas. Christopher Davies, 1969.
Cwm Hiraeth. Y Siôl Wen. Christopher Davies, 1970.
Adar y Gwanwyn. Christopher Davies, 1972.
Breuddwyd Rhonabwy Jones. Christopher Davies, 1972.
Cwm Hiraeth. Dyddiau Dyn. Christopher Davies, 1973.
The Angry Vineyard. Christopher Davies, 1975.
Apolo. Christopher Davies, 1975.
Gallt y Gofal. Christopher Davies, 1979.
Kate Roberts: Ei Meddwl a'i Gwaith. (Gol.) Christopher Davies, 1983.
Gorwelion. Christopher Davies, 1984.
Amser i Wylo: Senghennydd 1913. Christopher Davies, 1986.
Liwsi Regina. Christopher Davies, 1988.

DRAMA

Arswyd y Byd. Comedi mewn Tair Act. Llyfrau'r Dryw, 1949.
Mentra Gwen. Comedi mewn Tair Act. Llyfrau'r Dryw, 1960.

Diolchiadau

Am luniau a gwybodaeth:

Margaret Rhydwen Williams.
Huw Rhydwen Williams.
Mair a Stan Shires, Y Rhyl.
Manon Rhys.
Meic Stephens.
Prifathro Ysgol Gynradd Gymraeg Ynys-wen, Y Rhondda.
Prifathrawes Ysgol Gynradd Gymraeg Llyn y Forwyn, Ferndale.
Prifathrawes Ysgol Gynradd Gymraeg Gilfach Fargoed.
Esme Lewis.
Ivor Emmanuel.
Yr Athro Hywel Teifi Edwards.
Dorothy Williams.
Huw Llewelyn Davies.
Rhyd Richards, Abertawe.
Eurfryn Griffith Davies, Llandegfan, Môn.
Robin Reeves, *New Welsh Review*.

Y Parch. D. Islwyn Davies, Pontarddulais.
Meirion Lewis, Treorci.
Morris Rhys, Dinas, Penfro.
John Owen, Tylorstown.
Ann Beynon, Caerdydd.
Daniel Evans, Llundain.
Hubert a Beryl Thomas, Abertawe.
Eric Ellis, Abertawe.
Michael Isaac, Ffotograffydd.
Llyfrgell Genedlaethol Cymru, Aberystwyth.
Llyfrgell Dinas Caerdydd.
BBC Cymru, Caerdydd.
Llyfrgell Y Rhondda, Treorci.
Cyngor Celfyddydau Cymru.
The New Welsh Review.
Barn.
Barddas.
Y Brifysgol Agored.